红十字交叉学科
基础研究丛书

中国红十字救援队
水上救援培训

茅勇 陈佩 等编

苏州大学出版社
Soochow University Press

图书在版编目（CIP）数据

中国红十字救援队水上救援培训 / 茅勇等编.
苏州 : 苏州大学出版社, 2025. 4. -- （红十字交叉学科基础研究丛书 / 王汝鹏主编）. -- ISBN 978-7-5672-5095-6

Ⅰ. G861.17

中国国家版本馆 CIP 数据核字第 2024EU5967 号

书　　　名	中国红十字救援队水上救援培训
编　　　者	茅　勇　陈　佩等
责任编辑	闫毓燕
助理编辑	王　叶
装帧设计	吴　钰
出版发行	苏州大学出版社（Soochow University Press）
社　　　址	苏州市十梓街1号　邮编：215006
印　　　刷	苏州工业园区美柯乐制版印务有限责任公司
邮购热线	0512-67480030
销售热线	0512-67481020
开　　　本	718 mm×1 000 mm　1/16　印张：17.25　字数：267千
版　　　次	2025年4月第1版
印　　　次	2025年4月第1次印刷
书　　　号	ISBN 978-7-5672-5095-6
定　　　价	58.00元

图书若有印装错误，本社负责调换
苏州大学出版社营销部　电话：0512-67481020
苏州大学出版社网址　http://www.sudapress.com
苏州大学出版社邮箱　sdcbs@suda.edu.cn

General preface 总序

推动交叉学科建设
促进红十字事业高质量发展

中国红十字会原会长、红十字国际学院名誉院长

陈竺

  1862年，国际红十字运动创始人亨利·杜南先生根据亲身经历撰写的《索尔费里诺回忆录》在日内瓦出版。亨利·杜南先生当年在书中提出的两项重要建议，开启了国际红十字运动波澜壮阔的辉煌历程。在该书出版160周年之际，红十字国际学院组织编写（译）的"红十字交叉学科基础研究丛书"将由苏州大学出版社正式出版，非常有意义。相信这套丛书的出版，将进一步提升红十字交叉学科建设的规范化、专业化水平，有力推动红十字国际学院的建设和中国特色红十字事业的高质量发展。

  红十字运动自1863年在欧洲诞生，从致力于救护战争中的伤兵，扩展到保护战争中的战俘、平民，进一步延伸到维护人类的生命、健康、尊严以及世界的和平与发展，成为历史最悠久、规模最大的世界性人道主义运动。多年来，国际红十字组织和先后成立的亨利·杜南学

院、索尔费里诺学院对红十字运动做过很多研究和探索，不断深化拓展红十字运动的理论与实践，推动国际人道法成为较为完整的国际法分支，形成了独到的法理体系，取得了丰硕的成果，在卫生健康、防疫、救灾、社区发展、志愿服务等方面也有了丰富的实践经验和众多的培训课程，编写出版了很多书籍。但是，截至目前，还没有创建一个涵括红十字运动所有业务领域的专业学科，也没有出版成体系的红十字交叉学科方面的丛书。

随着中国特色社会主义进入新时代，中国在国际事务中扮演着越来越重要的角色。在我国积极履行国际责任和开展国际人道援助的时代背景下，建设强大的国家红会，在国际红十字运动中进一步发挥引领作用，成为中国红十字会和当代中国红十字人的使命和职责。2019年8月，中国红十字会总会、中国红十字基金会和苏州大学联合创办了首个红十字国际学院，旨在打造红十字人才培养基地、红十字运动研究高地、红十字文化传播阵地和国际人道交流合作平台。学院成立以来，为推动红十字相关专业的交叉学科建设，决定编写出版一套"红十字交叉学科基础研究丛书"，既作为红十字运动研究者、人道教育工作者和红十字组织实务工作者开展相关研究的基础资料，又作为红十字国际学院的教学参考书。这是红十字国际学院建设的一件大好事。

建设交叉学科逐渐成为当代科学发展的重要趋势。交叉学科的优势在于融合不同学科的范式，通过资源整合和思想交融，以整体化思维综合性解决重大理论与实践问题，促进多学科复合型人才的培养。红十字事业是一项崇高的事业，也是一项颇具挑战性的专业工作，需要实践探索，也需要理论研究和指导。一个合格的红十字工作者，不仅要承担保护战争中的伤兵、战俘和平民的职责，更需要在自然灾害、重大疫情等突发事件的人道救助中展现专业救援能力。这就要求红十字工作者应具备医学、管理学、社会学、语言学、心理学、传播学等多方面的学科知识和经验，仅靠任何一门单一的学科知识都不足以保障工作的开展，需要交叉科学的思维和知识经验的交汇来引路。

面对日益复杂多元的人道需求和频发的人道主义危机，红十字交叉学科应当建立在法学、社会学、伦理学、公共管理学、传播学、历史学、经济学、营销学、公共卫生学、语言学和应急管理学等多元学科的基础上，丰富拓展现有红十字运动的理论和实践，以综合性、系统性的交叉知识体系，以多元视角和多路径解决问题的思路方法，更高效地应对人类社会面临的复杂挑战。

编写出版"红十字交叉学科基础研究丛书"，是一项宏大的系统工程，同时也是一项填补空白的新事业。希望红十字国际学院和苏州大学出版社精心策划，认真做好丛书出版工作；也希望人道公益领域的专家学者和具有实践经验的实务工作者积极支持和参与，本着科学、求实、严谨、创新的精神，认真研讨，精心编写，吸纳最新的红十字实践经验和理论创新成果，从弘扬人道主义精神、培养人道公益人才、创新红十字理论、指导人道实践的实际需求出发，构建未来红十字工作者应当具有的完备知识体系。

习近平总书记指出，红十字是一种精神，更是一面旗帜，跨越国界、种族、信仰，引领着世界范围内的人道主义运动。进入新时代，迈上新征程，红十字事业迎来新的发展机遇。希望红十字国际学院广大师生、各相关学科的专家学者、红十字同仁和国内外红十字组织，积极支持红十字交叉学科的创建和基础研究丛书的编写出版，认真总结汲取红十字运动的宝贵经验，融汇建立新的红十字科学知识体系，推动国际红十字运动更快更好发展，续写人道事业的灿烂华章。

Contents 目录

第一章 绪 论   001

第一节 红十字水上救援的起源与发展   001
第二节 水上救援概述   004
第三节 水上救援队伍建设   010
第四节 水上救援基本技术   016

第二章 水上救援安全装备   019

第一节 水上救援个人安全装备概述   019
第二节 常用水上救援个人安全装备   021
第三节 绳索救援装备   029

第三章 静水救援   036

第一节 静水救援概述   036
第二节 语言指导救援技术   039
第三节 岸上延伸救援技术   041
第四节 抛绳包（袋）救援技术   045

第五节　游泳救生技术　051
第六节　静水徒手游泳救援技术　058
第七节　桨板救援技术　070
第八节　现场急救　079

第四章　急流救援　091

第一节　急流救援概述　091
第二节　急流救援基础知识　097
第三节　急流游泳救援　107
第四节　急流浅滩涉水横渡救援　114
第五节　急流活饵救援　117
第六节　急流舟艇救援　123
第七节　沸腾线救援　137
第八节　绳索救援　142
第九节　城市内涝救援　155

第五章　海上救援　172

第一节　海上救援概述　172
第二节　海上救援基础知识　175
第三节　滩涂救援　183
第四节　浮标游泳救援　187
第五节　借浪救援　196
第六节　海浪救生板救援　197
第七节　橡皮艇救援　204
第八节　机动冲锋舟救援　206

第六章　冰面救援　224

第一节　冰面救援概述　224
第二节　冰面救援基础知识　227
第三节　冰面救援技术　231

附录　249

一、水上救援各级培训班教学学时分配　249
二、水上救援各级培训班课程内容　249
三、水上救援理论知识考试内容设计　259
四、水上救援培训课程考核内容与评价标准　260

参考文献　263
后记　264

第一章
绪 论

◇ **本章学习目标**

了解红十字水上救援的起源与发展；了解水上救援的特点、类型、主要目标、主要任务、基本原则和基本理念等；了解水上救援队伍的建设与管理；熟悉水上救援的技术种类。

第一节 红十字水上救援的起源与发展

水上救援是随着人类社会进步逐步产生并不断发展起来的一项拯溺救难的人道主义事业。为了更好地认识水上救援的意义和作用，人们应该学会认知水上救援的专业性，识别水上救援时急流和风浪的危险程度，学会尊重自然，敬畏江河湖海，珍爱生命，保护生命。

一、水上救援的起源与发展

水上救援是在水域开展救生、救助，保护生命的一项活动，其源头甚至可以追溯到遥远的罗马帝国时代。19世纪末，欧洲许多国家成立了救生协会，宣传救生知识，改进救生技能，加强救生员的培养，开展救生理论的研究。

1910年，国际救生联合会（International Life Saving，ILS）由比利时、丹麦、法国、英国、卢森堡、瑞士和突尼斯等国发起，并在西班牙和意大利的支持下在巴黎成立。1971年，经澳大利亚、英国、新西兰、南非和美国等国倡议，世界救生组织（World Life Saving，WLS）在澳大利亚成立。1993年,国际救生联合会与世界救生组织合并,组成了新的国际救生联合会(International Life Saving Federation,ILS),总部设在布鲁塞尔,并引领全球水上救生事业的发展。截至2024年1月,国际救生联合会成员组织达148个,注册会员数千万人。该组织每两年召开一次理事会,讨论各国救生的发展和援助计划等问题,定期举行救生拯溺锦标赛。而且经过上百年的发展,其水上救生的管理体系和技能体系逐步完善,挽救了无数人的生命。

我国早在远古时期就已出现水上救生的雏形。据史料记载,公元1165—1173年,南宋在西津渡创办了救生会。明清时期,创建了"救生红船制","每遇覆溺,全活其甚众","一船五十余人尽行救活"。1740年,乾隆皇帝御诏朝臣制定法例并刊印关于如何协助拯救沉船和遇溺百姓的规章,拯溺救难的慈善民间组织也开始逐步发展。

1998年,经国家体育总局批准,中国游泳协会救生委员会成立,管理全国水上救生工作,重点加强游泳池等封闭水域的水上安全工作。随后,省、市、县级水上救生协会相继成立。2005年,中国救生协会成立,标志着我国救生事业进入了新阶段。2007年,中国救生协会正式加入国际救生联合会。

二、红十字水上救援队的起源与发展

红十字组织自成立以来就积极参与水上救援工作。以加拿大红十字会为例,自20世纪20年代就建立了救生员培养和考核体系,不断推动水上安全教育、救生员资质培训和水上救生等工作。

中国红十字会开展水上救援工作始于20世纪90年代后期,在加拿大红十字会及我国香港、台湾地区红十字组织的支持和帮助下有了快速的发展。从静水救援开始,逐渐发展了急流救援、海上救援、冰面救援,积极参与国内重大的台风、洪涝灾害救援,成为一支积极的社会救援力量。2011年,中国红十字会总会决定建立完善的应急救援体系,组建了红十字应急救援队,随后在浙江舟山、福建厦门、山东青岛等地联合加拿大及我国香港、台湾地区红十字组织进行水上救援培训、交流与项目协作,且活动范围逐年扩大,重点涉及静水救援、急流救援和海上救援,参加培训的人数也越来越多。2016—2019年,浙江省红十字会又多次选派各救援队骨干队员赴台湾、福州参加急流救援培训班，邀请加拿大和我国台湾地区等的水上救生专家来讲课，并举办海浪救生和急流救援培训班，开创了水上救援的新局面。

三、中国红十字水上救援队伍简介

中国红十字应急救援队伍自 2006 年发展至今，已有数千支应急救援队伍，仅浙江省就有 600 余支注册的应急救援队伍。

1. 中国红十字（青岛）水上救援队

中国红十字（青岛）水上救援队（青岛红十字同尘救援中心）初创于 2008 年 11 月，2012 年 11 月正式注册，2016 年成立党支部。队伍从成立之初的救援装备不足、人员技术匮乏的"小微"团队，到如今已经发展成为拥有 150 名成员，集国家、省、市级专业救援技能于一体的专业化、规范化、专职化综合性社会应急队伍。16 年来，救援队坚持党建引领，狠抓技能专业化和管理规范化，逐步成长为可以执行冰面救援、急流与洪水救援等 11 个领域的救援任务，具备综合救援能力的社会应急力量救援队伍。救援队累计实施救援行动 1 184 次，仅在青岛区域内就救助 1 734 人，先后荣获"全国优秀志愿服务示范团队""全国红十字模范单位""山东省抗击疫情优秀服务组织""青岛市先进基层党组织"等多项荣誉。

2022 年 12 月，中国红十字总会批准建立中国红十字（山东）应急救援培训基地青岛综合训练中心。

2. 中国红十字（福建）水上救援队

2018 年 3 月，福建省红十字水上救援队与泉州市红十字迅捷应急救援队合并，组建了新的中国红十字（福建）水上救援队。救援队现有专职人员 120 余人，志愿者 500 多人；先后开展了 67 场公益培训，受训人数 16 680 人，先后出动救援 4 800 余人次，转移受灾群众 3 320 多人，赢得各级领导和社会各界的高度赞誉，队伍曾获"全国红十字模范单位""全国 119 消防先进集体"等荣誉称号，在全国首届社会应急力量技能竞赛中荣获水域救援类团体第二名。

3. 浙江省红十字（舟山）水（海）上应急救援队

2012 年 8 月，浙江省红十字（舟山）水（海）上应急救援队成立，成为首支浙江省红十字应急救援队伍，现有志愿者 180 人。2013 年，借助浙江海洋大学的资源，首次举办了浙江省海上应急救援演练和浙江省红十字水上应急救援培训班。经过十多年的努力和发展，为浙江省培训了 600 多名水上救援学员，被誉为浙江省水上救援队伍的摇篮。

2015 年，浙江省红十字水上救援培训基地在浙江海洋大学挂牌。2022 年 12 月，中国红十字总会批准建立中国红十字（浙江）应急救援培训基地舟山水域训练中心。

4. 浙江省红十字（景宁）户外应急救援队

2014 年 3 月经景宁县民政局批准注册成立，2019 被浙江省应急管理厅和省财政厅确定为第一批省级社会应急力量，现有注册队员 107 人，其中中共党员 28 人，退役军人 17 人。救援队擅长山地救援、绳索救援、水域救援。

救援队成立以来，参与各类公益救援求助 163 次，并及时组织搜救，成功搜救遇险、迷路、溺水、失踪人员 189 人，转移被困群众 531 人。救援队在组织各类公益救援的同时，积极开展防溺水、防灾减灾安全知识普及进校园及水域救援培训。2019 年，救援队获得首届全国社会应急力量技能竞赛浙江省考核赛水域类团体第一名；2020 年，获得浙江省首届社会应急力量技能竞赛团体总分第一名；2021 年，获得第四届浙江省红十字救护大赛优秀团队奖。

2020 年，浙江省红十字急流培训基地在景宁挂牌。2022 年 12 月，中国红十字总会批准建立中国红十字（浙江）应急救援培训基地景宁水域训练中心。

第二节　水上救援概述

水上救援又称水上救援活动，是指他人在涉水环境中受困或生命受到威胁时，由专业救援人员配备专业救援装备和器材，使用专业的救援技术实施的水上救援行为，包括快速派队、救护编队、水上救生、输送受灾群众、抢运物资等工作内容，涉及静水、急流、海上和寒冰水域等场域。

水上救援是一项高风险活动，存在很多动态的、不可预测的风险因素。参与水上救援的相关人员需要持续加强水上救援安全教育，管控救援风险，正确使用水上救援装备、器材、技术和方法，在确保自身安全的前提下，积极组织、参与水上救援行动。其要点是：提高安全意识，在确保自身安全、团队安全的基础上提高救援的成功率；敬畏自然水域，切忌盲目下水，珍惜生命、爱护生命；配备安全装备与器材，学会自救、互救方法；坚持"预防为主，救援为辅"，"间接救援优先，直接救援为辅"；注重个人救援技能和团队协作能力协同发展。

一、水上救援的特点

水上救援存在突发性、危险性和紧迫性。如果救援队员缺乏专业技能，如水性不佳，装备不足，理论学习和日常训练相对较少，面对复杂水域救援时缺乏处置"急、难、险、重"事件的经验，则容易发生水上救援事故和风险。

（1）水上救援人员首先应该会游泳，确保自身安全，防止安全风险；在自然水域应以团队救援为主，个人行动为辅，以器材辅助救援为主，避免发生"双溺"事故。

（2）开展水上救援行动前，应做到现场安全评估与风险管控优先，管控安全风险，选择最简单、最安全、最快速的个人或团队救援方法实施救援行动。参与重大灾害救援时，应在地方政府统一指挥下，协调各部门开展救援工作。

（3）正确掌握水上救援技术、方法，按照由简到繁、由易到难的顺序，选择岸上、入水、游泳、舟艇、绳索等救援方式及器材，充分发挥团队综合救援行动能力，提高救援成功率。

（4）自然水域环境救援，应以器材救援为主，禁止进行个人徒手救援行为，谨记"救援有风险，参与需谨慎"。

二、水上救援的分类

根据水域环境不同，水上救援可分为静水救援、急流救援、海上救援、冰面救援等类型。

1. 静水救援

静水救援是指针对游泳池（馆）、水塘、水库或水流速度在 0.51 m/s 以下、深度超过 0.60 m 的水域所发生的人员溺水、意外事故而开展的救援行动。

救援重点是安全预防、监管与救援，救援方式主要采取"伸、抛、划、游"等基础救援技术，这是水上救援队员必须掌握的基本功，属于水上救援入门级技术范畴，可为后续自然水域的救援打下扎实基础，是适用于任何水域救援的基础训练内容。救援人员必须掌握静水救援技术和技能。

2. 急流救援

急流救援是指在水流速度超过 1 节（≥1.85 km/h 或 ≥0.51 m/s）、深度超过 0.60 m 的水流中开展的，涉及各种水流形状和水流环境（如白色水域、下拉流、叠加流、翻滚流、"V"形流、漩涡流、沸腾线、洄流区等）的救援行动。急流救援常见于江河洪峰过境、大坝决堤或山间急流等救援场景，要求救援人员具备较高的专业技能，学习和掌握急流救援基本技术和技能。

3. 海上救援

海上救援是指在沙滩、礁石、孤岛等环境展开的救援行动。海上救援情况复杂，因海面水域较大，气象、礁石、海浪和暗流等因素交织，救援行动中不可控因素很多，救援难度大、风险高。海上救援常用的方式有滩涂救援、浮标游泳救援、海浪救生板救援、充气式无动力橡皮艇救援、机动冲锋舟救援等。救援人员须学习和掌握海上救援技术和技能。

4. 冰面救援

冰面救援是寒冷水域救援的一种形式，指在冻结的江河湖泊等水域的冰面上或漂浮冰的水面上，对人员、交通工具、牲畜等发生的溺水、被困、坠落等事故实施营救的行动。

冰面救援常见于水温接近甚至低于 0 ℃和气温低于 -10 ℃的水域环境，重点是保温装备配置，防止冻伤、冻僵、失温现象发生而威胁人的生命。常用的救援装备及方式有抛绳包、桨板、长板、冰水两用救生筏救援、绳索架设救援等，属于特殊水域救援技术级范畴。

三、水上救援的主要目标

水上救援的主要目标如下：

（1）在确保自身安全的前提下，尽最大可能救助他人生命。

（2）按照"专业人员、专业操作、专业装备和专业施救技术"要求，组织实施水上应急救援行动。

（3）评估救援现场，认知水域危险，识别水流、风浪风险，开展"拯溺救难"行动。

（4）掌握自救与逃生、岸上救援、入水救援、舟艇救援、绳索综合救援技术和方法。

四、水上救援的主要任务

水上救援的主要任务如下：

（1）拯溺：遇到人员落水或涉水险情时实施的救援和救护行动。

（2）搜寻：针对涉水事件中的落水、被困和失踪人员开展的搜索等行动。

（3）疏散：组织有关人员远离低洼地带、急流区域，避开可能存在滑坡、泥石流及危险建筑物的区域。

（4）转移：组织受灾群众、遇险人员从危险区域转移至安全区域。

（5）救助：对受灾人员进行临时救助，发放救助物资等。

五、水上救援的基本原则

水上救援应坚持"生命至上，安全第一"的基本原则。救援行动应在确保自身安全的前提下，选择安全、简便、快速、有效的救援方法，按照救援风险大小、救援难易程度、救援距离远近的顺序实施救援行动，同时还要遵循其他各项安全原则。

1. 遵守"以人为本，安全第一"原则，做到救人先保己

救援应遵守"以人为本，安全第一"的原则，在保障自身安全、关注同伴安全、不影响周围群众安全的基础上保障被救者安全。

2. 遵循"生命至上，预防为主"原则，减少救援事故风险

（1）意识重于技术。

（2）技术重于装备。

（3）预防重于救援。

（4）现场评估重于实施救援。

3. 遵循优先使用原则，确保救援的成功率，避免意外事故发生

（1）岸上救援优于水中救援。

（2）器械救援优于徒手救援。

（3）团队救援优于个人救援。

六、水上救援的基本理念

救援人员必须掌握科学、正确、专业的救援技术和技能，行动时应具备勇气、智慧、胆量和舍得精神；科学地评估水域环境安全风险、个人救援能力、装备与器材的安全性；充分发挥团队的作用，同心协力、拯溺救难，确保救援安全和成功率。水上救援时应遵循以下理念。

（1）建立"预防为主、安全第一"的基本理念；水域救援要充分认识救援意识的重要性、技术的安全性、装备器材的必要性。

（2）"依靠科学，依法规范"是水上救援的行为标准，规范地执行水上救援标准，确保科学性、权威性、规范性和可操作性。

（3）平时做到备勤与实战相结合，建立安全预警机制，制定和完善突发事件应急预案。

（4）根据天气情况、环境特点等，加强风险评估与管控；选择正确、安全、有效的方法进行救援，必要时应做出放弃救援的选择。

（5）确保救援者自身安全、协作同伴安全和救援行动安全。

七、水上救援的行动阶段

水上救援的基本工作内容主要有制订救援方案、救援前准备、现场评估、选择装备与器材、实施救援、现场维护与管理、撤离等，一般可分为四个阶段。

1. 第一阶段：制订救援方案

灾情来临前，救援队伍根据队伍实力，制订救援方案和预案，召集队员做好备勤、装备和器材准备工作。

（1）接到救援指令后，针对灾情的水位、流速、流量、风浪等进行初步评估，并根据第一目击者、报警人和信息提供者的描述首先明确灾情涉及的范围，确定受困者的位置、受伤程度和人数等信息，制订救援

计划与应急预案。

（2）到达现场后，对灾害直接危害因素进行二次评估，根据救援需求配备救援人员、救援装备、救援器材，采取安全和成功率高的救援方式。

2. 第二阶段：救援前准备

救援行动前，召集队员进行救援动员，检查装备和器材，将充气式机械动力艇、无动力橡皮艇充气、检查后装车，遇到夜晚救援须准备充好电的灯具和对讲机，做到时刻准备，随时出发。

（1）确保救援区域道路交通和周围群众安全受到控制；指派安全员对救援作业区域进行安全保护，以团队救援为主，做到上游有观察员、下游有安全员，相互之间做好安全维护。

（2）配备安全的个人装备和水域保护措施。布置救援行动计划，确定派遣救援队伍数量、队伍人员结构、救援装备和器材，指挥员、救援队员、协助人员、医疗救护人员、安全保护人员等要分工明确。

（3）布置备份计划（舟艇、绳索、活饵救援等）；携带受困者救生衣等安全装备；再次确认各行动小组救援方案，利用有关技术手段侦测观察救援范围内的灾情，选派骨干队员从事一线救援，选择以舟艇救援为主，结合桨板、绳索拦截或直升机协助救援。

3. 第三阶段：实施救援行动

接到指令后，迅速投入救灾行动，依据实际情况采取个人救援或团队救援，通过岸上救援、舟艇救援和绳索救援等方式，在确保自身安全的前提下，完成各项救援任务，保护人民群众生命财产安全。

（1）遵循就近优先、重伤员优先、老弱病残优先、人多区域优先的原则，实施救援计划和方案。

（2）快速接近救援区域位置，与受困者取得联系、接触，提供救援安全装备和防护用品，实时检查受困者的身体情况，将受困者转移到安全区域或实施现场急救。

（3）根据救援环境，选择语言指导救援、岸上抛投救援、入水救援、游泳救援、舟艇救援和绳索救援等方式；对于污染、寒冷水域救援要有妥当的应对措施。

4. 第四阶段：救援结束后的装备整理与队伍撤离

救援任务完成后，集结队伍，清点人数，整理装备与器材，安全撤离。

（1）收集、整理救援装备和器材，清洗后到达安全区域集中或休整。

（2）收集水体样本检测污染程度，协助当地政府或社区进行清理或善后处理，撰写救援小结和事故报告。

（3）如有需要可安排部分队员留守，参与灾后重建工作。

第三节　水上救援队伍建设

红十字救援队是由经过专业培训的红十字会员、志愿者组成的志愿从事防灾减灾和救灾救援工作的志愿服务组织，是政府专业救援力量的重要补充，是红十字应急救援体系、基层社会治理体系和应急管理体系的重要组成部分。红十字水上救援队平时主要从事水上救援安全知识的普及和宣传工作，参与突发性涉水自然灾害或溺水事故救援时，与应急管理、公安、消防等部门和单位协同，发挥灵活、专业的优势，主要承担救援、搜寻、疏散人员等任务。队伍需要有一批热心公益事业、年龄适宜、技能精湛的核心力量，以及完善的内部管理制度和对外联动机制，以保障队伍的健康良性可持续发展。

一、应急救援体系构建

我国应急救援体系是由政府领导、条线区块划分、分级分类管理、社会应急救援力量辅助的救援体系。

1. 统一指挥

各级应急管理部门、"110"指挥中心、消防、公安和武警等，按照法律、法规、规章和应急预案，在履行统一领导职责或者组织处置突发事件的人民政府应急指挥机构的统筹下进行分工、协同。

2. 各方参与

红十字组织及相关机构提供科研和培训服务，进行宣传教育，建立师资队伍和编写教材。

3. 队伍建设

建设专业救援队伍，即具有技术全面、作风过硬、团结协作的专业救援力量。

4. 救援设备

救援设备包括个人和集体装备与器材、舟艇和救援运输设备等。

5. 经费支持

通过政府资助、个人出资、民间集资和慈善机构捐资等方式落实运行经费。

6. 保险介入

建立救援队员人身安全风险管理、事故理赔保险、伤亡抚恤等工作机制。

二、管理制度

救援队伍应在当地民政部门注册登记，实行理事会领导下的队长负责制，实施严格的管理、培训、出勤等制度，配备专兼职财务管理人员。队伍日常运营经费主要靠自筹和社会捐赠、政府补贴、合法培训服务等收入。在队伍管理方面，应坚持"党建引领、属地管理，依法登记、分级培育，统一指挥、协同救援"原则，不断规范自身建设，着力提高管理水平和专业救援技能，切实增强抢险救援实战能力，积极配合有关部门参与应急救援工作，在扎根基层、服务群众中实现自身健康良性发展。

救援队伍的管理制度包括以下几个方面。

1. 装备管理

应配备专业的个人装备、救援装备，其中集体装备和器材应有专人管理，定期维护保养。个人装备由自己保管和维护。队伍应配备专兼职装备管理员，负责设施设备的购买、保养、维护和收藏，建立出借和使用台账。

2. 安全管理

制定《救援人员安全守则》《人员管理守则》《装备器材使用守则》《培训管理制度》等规章制度，并严格执行。

3. 人员管理

应明确队员入队和除名条件。队员入队后应自觉服从队伍管理，积极参加队伍组织的培训演练和志愿服务等活动。出勤时应把队员区分为一线队员、二线队员、志愿者，并进行分类动态管理，队员每年出勤应达到规定次数，且无违法、违纪行为。同时，应建立并实施队员积分制度，定期公开有关情况，至少每年进行一次队伍全面总结。有条件的队伍应招聘专职队员。

4. 活动管理

队伍应建立队内值班、会议、培训、出勤等管理制度，通过组织新队员培训、老队员复训、年度技能考核、实战演练形式，逐步提高救援技能；应加强与党政有关部门的沟通联系，积极开展防灾减灾救灾相关工作，不断提高队伍综合实力；应加强队伍宣传工作，建立队伍新闻发言人制度，有条件的队伍可通过线上线下平台定期主动向社会公开活动开展情况。

5. 财务管理

救援队伍采取自我筹集与政府资助相结合的方式，提高自我"造血"能力。严格落实社会组织财务管理、年审等规定，配备专兼职财务人员，完善资金收入、支出、决策、公示、审计制度，争创清廉社会组织。

三、工作机制

救援队伍应建立规范、专业、高效、协同的队伍工作机制，确保安全、有力、有序参与应急救援相关工作。

1. 值班值守制度

加强值班值守，保持24小时值班，落实队长轮流带班，节假日、重点时段应增加值班备勤力量。

2. 应急预案

确保救援队伍快速应对各类突发事件，队伍接到突发事件信息后，应根据队伍应急预案迅速有序进行响应。

3. 指挥调度机制

加强与政府有关部门的联系，融入当地应急管理、公安、消防、防汛抗旱、抗震救灾或防灾减灾救灾等工作机制，建立高效协同的指挥调度机制。

4. 评估总结制度

救援任务结束后，队伍应有序撤离，认真梳理任务完成情况，认真撰写工作总结。

5. 培训演练

加强应急救援人员的理论、体能和技能培训，熟练操作使用专业装备器材，定期开展实战训练和拉动演练。可采取岗位自训、集中轮训等方式，有计划、有重点地开展应急知识学习、救援技能培训，做好训练演练情况记录和效果评估。

四、工作职责

红十字水上救援队的主要工作职责包括开展水上安全教育、水上救援、监控与巡逻等。面向青少年等群体开展防溺水宣教活动，降低溺水事故发生率；组织或参与水上救援行动，保护人民群众生命财产安全；在涉水大型比赛和活动时，开展巡逻、监控等水上安保工作，如遇人员落水，立即进行现场评估，并实施救援救护行动；突发公共事件发生后，协助应急管理部门、红十字会等单位开展应急救援工作。

五、风险管理

水上救援的风险来源及每种风险的应对模式如图1-3-1所示。

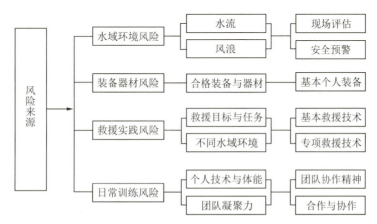

图1-3-1 水上救援的风险来源及每种风险的应对模式

（1）水域环境风险：涉及水流和风浪等因素，必须加强现场评估和安全预警。

（2）装备器材风险：个人装备必须达到合格标准。

（3）救援实践风险：应结合救援目标与任务和不同水域环境，选择合适的基本救援技术和专项救援技术。

（4）日常训练风险：涉及个人技术与体能、团队凝聚力等，应树立团队协作精神，培养合作与协作能力。

六、安全"三要素"

1. 安全意识

面对风险，救援人员必须有安全意识，不能盲目自信或冲动救援，必须在评估现场环境适宜救援、救援人员具备符合条件的救援能力和确保自身安全的前提下，才能采取合适的方式开展救援。

2. 安全方法

在组织实施救援的过程中，要力求将风险降到最低，选择简单、快速、有效的救援技术和方法。

3. 安全装备

配备必需的个人安全装备和救援器材；也可发挥团队救援优势，避免因个人救援能力不足而导致的问题。

七、安全"三要求"

1. 组织能力要求

（1）救援队应根据危险识别、风险评估、队员素质，进行合理的分工，配备符合实际需要的救援力量。

（2）客观评价救援范围内潜在的危险和风险因素，事故发生的频率和程度，以及对救援组织能力产生的影响，尽可能减少危险或风险对救援人员的威胁。

（3）根据统一的布置，集中力量和资源共同响应救援计划，达到高度统一和整合，及时更新和修订救援计划、方案，确保行动安全。

2. 指挥能力要求

（1）现场指挥员要熟悉整个救援标准操作程序和流程，具备风险评估与分析能力，掌握各种救援技术和能力。

（2）现场指挥员必须具备指挥整个救援团队运作的能力，建立指挥系统，熟悉队员的个人技能水平，合理分配队员的角色和职责。

（3）现场指挥员对救援范围内人员和资源能进行有效调度，实时指挥救援队伍执行命令，对救援中发生的一切情况承担责任。

（4）现场指挥员确保提供的救援装备、器材和耗材能够满足救援的实际需要和使用。

3. 技术能力要求

（1）根据救援任务的实际需要，规范执行救援的程序和流程，正确、客观地对自己的能力做出科学评价，认知风险因素，管控安全风险，避免、减少救援中可能遇到的威胁。

（2）配备和使用合格的救援装备和器材，具备完成各项任务的能力，达到救援安全的要求；具备良好的体能，适应各种复杂和困难的救援任务，做到一专多能，满足救援的需求。

（3）及时与场内、场外沟通，熟悉标准化指令和信号，明确手势与口令的含义，并正确执行命令，确保救援的成功率。

八、救援"三阶段"

1. 准备阶段

制订安全救援计划和方案，建立现场指挥系统、通信系统和预警方案；在重大灾害事故救援中，配置各种救援力量，配备必需的救援装备和器材；确保救援组织承担的救援任务符合相应的救援技术需要，操作程序符合救援人员所具备的救援能力；遵循相关法律法规实施救援行动，制定撤离的基本操作程序，确保救援行动有始有终，安全有效。

2. 实施阶段

实时了解救援现场环境，包括风向、风力、水流、风浪等因素；根据救援范围、目标、对象和灾害情况，及时制订或调整救援方案，应对现场突变情况；适时布局或调整救援力量和方法，确保救援队伍有组织、有纪律、有能力完成救援任务。

3. 撤离阶段

完成基本救援任务后，有计划、按标准程序组织队伍从救援区域撤离,避免发生危险情况,保障队员生命安全;组织留守人员配合当地政府或社区,进行灾后重建或自救行动;整理装备,收集资料,总结救援经验和教训,为后续救援提供帮助。

第四节 水上救援基本技术

水上救援基本技术可分为岸上救援技术、入水救援技术、游泳救援技术、舟艇救援技术、绳索救援技术、潜水救援技术、遥控救援器救援技术、水下机器人救援技术、直升机救援技术、冰面救援技术等。

一、岸上救援技术

岸上救援技术是水上救援的首选技术,救援对象必须是有意识、有自主能力者,其特点是"简单易学、快速便捷、安全有效",主要采取岸上"伸""抛"救援技术,即用救援人员的手或脚、救生杆的伸展,做接触性救援,或用抛绳包(袋)进行抛投救援。

二、入水救援技术

入水救援技术主要是指利用救援器材,采取涉水横渡救援、桨板救援、海浪救生板救援等技术与方法,是专业的营救水域遇险和被困人员的行动,适用于各种状态的被救者。使用入水救援技术救援风险较高,救援人员必须经过专业培训,并具备良好的游泳技能;在自然水域中,非专业救援人员禁止使用。

三、游泳救援技术

游泳救援技术是指救援人员利用游泳能力,采取入水、游泳、接近、控制、拖带、上岸等技术,对被救或被困人员进行直接救援的方式。游泳救援可分为徒手救援和器械救援(如救生衣、浮标)。游泳救援技术主要包括现代竞技游泳、救生游泳四式和实用游泳技术。未经过专业训练的救援人员,禁止在公开水域使用徒手游泳救援技术。

四、舟艇救援技术

舟艇救援技术通常用于快速参与营救水域遇险和被困人员的团队救援行动。常用的舟艇有充气式无动力橡皮艇(简称橡皮艇)、充气式机械动力艇（简称IRB）或机动冲锋舟（简称冲锋舟）等。舟艇救援技术需要掌握搬运、安装、分工、划桨与驾驶技术，包括离岸、靠岸、急停、转弯、绕行，以及"S""O""U"形驾驶和救援技术等。橡皮艇、IRB和冲锋舟救援属于专业的团队救援技术，适用于多类水域环境的救援，救援人员需经过专业培训才可使用。

五、绳索救援技术

当遇到水流湍急水域，岸上、游泳、船艇等救援技术无法实施，救援人员无法接近被救者或返回时，可架设绳索系统借助绳索救援技术救援，从而实现水上救援的目的。绳索救援技术主要是指在遇险、被困地点与安全地点之间搭建绳桥救援通道实施救援，绳索架设系统水上救援包括绳索架设横渡救援、舟艇与绳索结合救援等，适用于急流、孤岛、横渡等救援类型。

六、潜水救援技术

潜水救援技术主要是指救援人员借助潜水装备和器材，对水下遇险人员进行搜救、潜水打捞的救援行动。常用的救援方式有浮潜、浅潜和深潜，适用于各类水域潜水、搜救、打捞等救援。

七、遥控救援器救援技术

遥控救援器救援技术主要是指救援人员借助无人机、遥控救生浮标、无人驾驶船艇等装备器材，对危险水域、海滩遇险或被困人员实施水面救援。常用的救援方式有无人机搜寻、拍摄、图像传输、装备（包括药品、食物、饮用水）运输、定点投放；遥控浮标和无人驾驶船艇在水面接近、运输救援装备和器材等方面具有一定优势，适用于水域环境复杂、风险较高的水面救援。

八、水下机器人救援技术

水下机器人救援技术是潜水救援技术的辅助，指利用机器人声呐、热成像技术，在深水区实施搜寻、营救和打捞。救援人员需要熟练操作水下机器人设备，对水下遇险和被困人员进行搜救、打捞等。常用的救援方式包括检查、操控等，适用于各类水域的水下搜救、打捞等救援。

九、直升机救援技术

当遇到救援范围大，一般车辆和舟艇无法快速到达救援现场等情况时，使用直升机参与营救行动效果更好。直升机的主要功能是运输，它可以快速到达救援现场，使用升降吊篮将水上人员垂吊和转运到直升机上。

当水域环境恶劣，救援人员无法采取岸上救援、入水救援和舟艇救援时，借助直升机可快速到达救援现场进行救援和伤员转移等，弥补其他救援行动的不足，达到快速、安全、有效完成救援任务的目的。常用的救援方式是驾驶、定点悬垂、放下吊篮、上升吊篮、运输转运等，可在各类水域救援中运输救援人员和装备（注：该类技术必须配备专业的直升机驾驶员，不得无证驾驶）。

十、冰面救援技术

冰面救援技术属于寒冰水域救援，主要涉及江、河、湖、海、冰川环境，其特点是救援人员必须配备专业的救援装备和器材，防止救援过程中体温流失过快。救援关键是控制人体失温现象，可以使用"伸""抛""划""游"的方式，在冰面实施救援。常用的救援器材有桨板、抛绳包、橡皮艇、滑冰器材等。

思考题

1. 阐述水上救援的分类与范畴。
2. 简述水上救援的定位。
3. 简述水上救援的职责。
4. 论述水上救援的基本原则。
5. 简述水上救援的基本理念。
6. 水上救援的基本技术有哪些？
7. 水上救援的基本目标与任务是什么？

第二章
水上救援安全装备

◇ **本章学习目标**

了解水上救援个人安全装备的使用范围和功能、配置原则、配置要求；熟悉常用水上救援个人安全装备；重点掌握绳索救援装备的主要组成部分及其功能和适用范围。

第一节 水上救援个人安全装备概述

水上救援个人安全装备主要用于自然水域救援环境，应对突发性、不可预测性的救援行动，确保救援人员的人身安全，防止救援时失温，使救援人员能够合理应对水中障碍物、水流风险和危险区域等突发状况。

一、个人安全装备使用范围和功能

个人安全装备主要包括防寒内衣、救援服（干式、湿式）、专业救生衣、水上救援头盔、救生绳包、防滑手套、防滑鞋（靴）、照明工具、高音哨（又称救援哨）、割绳刀（又称救援刀）等（图2-1-1）。

图2-1-1 个人安全装备

1. 使用范围

个人安全装备常用于人工和自然水域的救援，主要包括静水救援、急流救援、海上救援、冰面救援等。它可以确保救援人员的人身安全，降低救援风险等级，起到救援安全保护的作用。

2. 主要功能

个人安全装备是确保救援人员自身安全的重要装备,可以确保救援人员的个人安全,降低救援风险,起到救援安全保护的作用,有助于救援人员在救援行动中自我保护和节省体力。主要具有以下功能:

(1) 保暖功能:防寒内衣、湿式和干式救援服可以保暖,防止失温现象。

(2) 浮力功能:救生衣、浮标装备具有 120~150 N 的浮力,可承担 2 个人在水中的浮力,可当作救援人员游泳、拖带的浮具,节省体力和提高安全性。

(3) 防护功能:水上救援头盔、防滑手套、防滑鞋(靴)、照明工具(强光手电、头灯、无人机照明灯)可防止高空坠物、头部碰撞、手脚损伤、船艇倾覆等危险。

(4) 逃生和救援功能:当救援人员遇到水下动物攻击、水草或渔网缠绕时,割绳刀可作为防备和自卫工具,帮助救援人员割断缠绕物,脱离危险水域;高音哨可发出求救信号,或提示救援目标;抛绳包(袋)可作为救援工具,对被救人员实施救援,也可以作为救援人员的逃生工具。

二、配置原则

个人安全装备必须是专业的、安全的、正规厂家生产的产品,并且是由专业评审机构论证合格的、有认证书的品牌,这样才能确保个人安全装备的质量,更好地保护救援人员的生命安全,降低水上救援的风险。相关装备必须具备保暖性、安全性,并具备足够的浮力,满足自然水域的使用范围和要求,保障参与水上救援的救援人员的生命安全。主要有以下几个配置原则:

(1) 适用性:适用于不同的自然水域环境救援,尤其是舟艇救援的需要,根据个人的身高、体重配置合适的尺码。

(2) 经济性:价格合理,经济实惠。

(3) 有效性:具备各种装备应有的功能,确保上浮、保暖、警示、求救、照明效果。

（4）安全性：产品质量有保证，能重复使用，并有一定的使用保质期；一般正常使用时不会出现断裂、破损等问题。

三、配置要求

常规的、合格的个人安全装备，应符合水上救援实践的需要，达到各项行业标准；救援人员须正确使用各类装备与器材，合理运用于救援实践。水域救援个人安全装备的主要用途见表2-1-1。

表2-1-1 水域救援个人安全装备的主要用途

序号	装备名称	主要用途
1	水域救援头盔	水域救援时头部及颈部防护
2	水域救援服	水域救援时身体防护
3	水域救援手套	水域救援时手部防护
4	水域救援靴	水域救援时小腿部及足部防护
5	急流专用救生衣	水域救援作业时专用防护，具有快卸部件
6	佩戴式防水照明灯	水域救援作业照明
7	高音哨	哨声报警和沟通
8	防水方位灯	在黑暗环境中的位置标识
9	割绳刀	快速切割绳索或割除障碍物
10	防寒内衣	寒冷环境作业时躯体内层防护
11	水面漂浮救生绳	水面救援
12	抛投绳包	装载抛投绳
13	救生浮标	水面救援
14	救生桨板	水面救援
15	消防Ⅲ类安全吊带	绳索系统救援作业
16	消防防坠落辅助部件	与安全绳和安全吊带配套使用的承载部件
17	潜水装具	水下救援作业时的专业防护

第二节　常用水上救援个人安全装备

根据静水、急流、海上、冰面的水上救援需要，救援人员应配备常用的个人安全装备,以确保在救援中保护自身和被救人员的生命安全,提高水上救援的成功率。另外,在寒冷水域救援中还需配备防寒服,以确保救援人员在冰水中能持续一定时间,完成救援任务。

一、水域救援头盔

水域救援头盔是在消防、建筑安全头盔的基础上研发的水域专业头盔,主要用来保护救援人员的头部。头盔类型可分为半罩式、全罩式两种(图 2-2-1、图 2-2-2)。

(1)特点:水域救援头盔上方和侧面均设计许多漏水孔,以保证在游泳和水中救援时进入头盔的水可以快速地漏出;同时要求穿戴舒适、可调节松紧,两侧可挂载其他装备。

(2)功能:防止头部碰伤、砸伤、撞伤等意外事故,保护头部、耳朵安全,头盔的漏水功能可以快速排出进入头盔中的水,减轻在水中游泳时的阻力。

(3)适用范围:舟艇救援、急流游泳、绳索架设和高空垂降救援等。

(4)穿戴方法:先松动头盔螺母,穿上后逐渐固定螺母,感觉头盔贴紧头部即可,然后固定颈部带扣,同时保障入水时,头盔不会遮挡视线。

图 2-2-1 水域救援半罩式头盔

图 2-2-2 水域救援全罩式头盔

二、防寒内衣

防寒内衣是水上救援个人安全装备之一,日常穿在救生衣内,防水透气,防止救生衣等对皮肤的摩擦(图 2-2-3)。

(1)形状与分类:防寒内衣质地柔软有弹性,穿着舒服、贴身。可分薄型、厚型和加厚型；有长袖和长裤、短袖和短裤。

（2）功能：具有一定的保暖防寒功能，防止体温过快流失；防止紫外线辐射对人体的影响，避免救生衣对皮肤的摩擦，防止水中生物对人体的伤害和礁石擦伤。

（3）适用范围：适用于自然水域，贴身穿戴。

图 2-2-3　防寒内衣

三、水域防寒服

水域防寒服分为湿式防寒服和干式防寒服（图 2-2-4、图 2-2-5），薄型厚度为 0.5~2 mm，一般厚度为 1.5~3 mm，加厚型厚度为 3~8 mm。

水域防寒服最重要的功能是为救援人员身体提供一定的保护。救援人员在水中行动时，若水质差，环境相对恶劣，水域防寒服能够较好地保护人的皮肤。

图 2-2-4　湿式防寒服　　　　图 2-2-5　干式防寒服

（1）湿式防寒服：属于常用水域救援服，其主要功能是防止体温流失过快，具有保暖、抗寒作用，同时有一定的浮力，可防止紫外线和水母等对人体的伤害；将救生衣穿在防寒服外，可以防止因摩擦造成的皮肤损害，并展示专业救援形象和标志。

（2）干式防寒服：属于特殊环境救援服，一般在秋冬季水上救援或室外温度零下十几摄氏度的寒冷水域环境使用；以保持人在水中身体的干燥，提高抗寒能力，可防止救援人员出现肌肉僵硬，失去救援能力或引起感冒、发烧，影响身体健康，确保水上救援安全。将救生衣穿在防寒服外，可以防止因摩擦造成的皮肤损害，并展示专业救援形象和标志。

湿式防寒服适用于舟艇救援、游泳救援等；干式防寒服主要用于寒冷水域游泳或冰面救援。

四、冰面防寒服

冰面防寒服（图 2-2-6）是冰面救援必备的个人安全装备，主要是防寒、防滑，扩大与冰面的接触面积，防止冰面塌陷导致救援人员落水或被困。同时，其又具有保暖和舒适性，为救援人员保护自身安全和方便救援之用。

图 2-2-6　冰面防寒服

（1）特点：冰面防寒服外层防水，内层防寒，属于干式加厚型防寒服，厚度为 3～8 mm。

（2）功能：防止冰面太滑和水中人体体温流失过快，保持人在水中身体的干燥，提高抗寒能力，避免因失温造成抽筋和动作僵硬，引起感冒、发烧等疾病，确保水上救援安全。

（3）适用范围：寒冷水域的冰面救援。

五、防滑手套

水上救援防滑手套（图 2-2-7）主要用于保护全指和手掌。

（1）材质：由针织、纤维与橡胶混合和皮质材料等制成，手掌处有颗粒状突起，以增加摩擦力，确保救援人员在救援中收拉救援绳、推脱水中障碍物时手指和手掌的安全。

图 2-2-7　水上救援防滑手套

（2）功能：水上救援时发挥保暖作用，增加游泳时划水的效果，在登礁、攀爬、推挡障碍物、进行绳索救援时起到保护手部的作用。

(3) 适用范围：橡皮艇救援、机械动力艇等器械救援、急流和海上救援、绳索和高空救援。

六、水域救援靴

水域救援靴（图 2-2-8）主要是为了保护脚部的安全，特别是在急流或海上救援中，救援人员需要在水中行走、登礁、攀登，此鞋可发挥防滑作用。同时，其又具有保暖和舒适性，是水上救援必备的个人安全装备之一。

图 2-2-8　水域救援靴

（1）形状与类型：水域救援靴分为低帮和高帮两种，一般需满足透气、滤水、坚固等性能要求，是水上救援专用鞋；鞋底下的毛毡和细钉可以防止救援人员被礁石或岩石上的青苔滑倒，同时胶质底部具有防震作用，可在涉水时保护脚部安全。

（2）功能：在水上救援攀登（爬）、涉水横渡、滑行、漂流时帮助用脚蹬踏水中礁石，尤其是在海滩水域救援时，登礁、在礁石之间跨越或跳跃时具有防滑作用，防止脚部受伤或被石头砸伤等。

（3）适用范围：适用于急流、海滩等自然水域，特别是在有青苔和湿滑处的礁石上攀登与跨越时，穿上水域救援靴，行动效果更佳。

七、专业救生衣

专业救生衣主要用作水上浮力工具和救援器材。按国际标准救生衣 ISO/CE 的标准，专业救生衣分为 1~6 型。专业救生衣的浮力一般成人为 120~150 N，儿童为大于或等于 50 N，婴儿为大于或等于 30 N。专业救生衣应带有快速释放带；可佩带救援刀具和哨子，口袋布局合理。

1. 救生衣的类型

（1）TYPE 1：离岸救生衣，适用于恶劣海况、远洋等水域环境，也适用于获救援较慢水域或弃船求生的情况。最小浮力成人为 100 N，儿童为 50 N。

（2）TYPE 2：近海浮力背心，适用于平静水域、内海湖泊、快速救援水域，多数船上使用的橘色背心即为此类救生衣。最小浮力成人为

70 N，儿童为 50 N，婴儿为 30 N。

（3）TYPE 3：浮具，适用于平静水域、内陆湖泊水域快速救援等，也适用于特殊活动，如钓鱼、滑水、划船（独木舟）等。最小浮力成人为 70 N，儿童为 50 N，婴儿为 30 N。

（4）TYPE 4：救生圈等可抛掷浮具，适用于平静水域和海上救援水域，被救人员获得救生衣后可在水中等待救援，最小浮力为 80 N。

（5）TYPE 5：特殊装备，适用于特别需求。主要有独木舟及印第安舟背心、帆船甲板背心、甲板背心、船上工作背心、急流背心、救援人员背心、执法人员浮具等。浮力为 70~120 N。

（6）TYPE 6：急流专用救生衣，是个人必备的救援装备，更是急流救援常用装备、保命工具和救援专用器材，浮力为 120~150 N，可承担 2 个成年人的体重。

2. 功能

救生衣作为专用救生装备，穿在身上应具有足够浮力，使落水者和救援人员头部能露出水面。若浮力不足，无法承受一个人的重量，容易使落水者和救援人员沉入水中，发生溺水危险；但也不是越大越好，浮力越大，阻力越大，会影响游泳救援。

3. 适用范围

救生衣适用于自然、海滩和急流救援的游泳救援、活饵救援、桨板救援、舟艇救援等。

4. 穿戴方法

根据个人身高、体重选择合适的尺寸，穿着方式为由下而上，拉紧拉链，先扣上腰间的拉扣，逐渐向上扣紧胸前、领口的拉扣，感到贴身和舒适即可，收紧各种安全拉扣和固定挂件，佩戴快挂钩、牛尾绳和活饵释放带的挂钩，以便于快挂扣释放；裆部安全带可以不用系，以免安全带缠绕水下障碍物，威胁生命安全。入水后要再次固定拉扣，防止固定带松动而造成救生衣脱落。个人穿戴完成后进行检查，在腰部扣锁之间可以插入一个手掌或拳头即可；同伴之间可以互相检查，确保穿戴符合救援标准（图 2-2-9、图 2-2-10）。

图 2-2-9　救生衣穿戴整齐

图 2-2-10　同伴互相检查与整理

八、防水照明灯

防水照明灯是夜间、水下和浓雾天气救援的必备装备。常用的照明工具有手提式强光灯、头灯（图 2-2-11）、探照灯和防水手电（图 2-2-12）。

图 2-2-11　头灯

图 2-2-12　防水手电

1. 功能

防水照明灯主要用于夜间行走、搜救、救援时照明，以及水下和空中照明。

2. 适用范围

防水照明灯适合自然水域夜间救援和行走照明使用。

九、高音哨

高音哨（图 2-2-13）属于水上救援常用的个人安全装备之一，常用无珠哨。有珠哨在水中长时间浸泡容易变形，影响哨声的质量和效果。

图 2-2-13 高音哨

1. 功能

高音哨的主要功能有信号联系功能、互相交流功能、SOS 功能。

2. 适用范围

高音哨适合自然水域救援信号联系，集合整队、出发带队、返回集结指挥使用。

十、割绳刀

割绳刀（图 2-2-14）可以确保救援者在水中遇到危险或被障碍物缠绕时，利用其锋利的刀刃割断缠绕在身上或机械动力艇螺旋桨上的水草、渔网或其他障碍物；平时可将其放置于救生衣的专用口袋内。锋利型割绳刀要向公安部门报备，

图 2-2-14 割绳刀

以便可以在救援时随身携带。割绳刀属于水上救援常备的个人安全装备之一。

1. 形状与分类

割绳刀可分为锋利型和锯齿型两种，可以折叠存放或放入刀鞘内贮存，采取按键式开关，便于使用与安全保护。其刀刃材料一般为钛合金，其硬度和强度可以割开大部分障碍物，并具有防腐蚀性能，不会生锈损坏。

2. 功能

在海上救援等水上救援中发生危险时，救援人员可使用割绳刀割断缠住自己身体或绞入机械动力艇螺旋桨的水草、渔网、绳索等，并防止水中动物袭击，确保自身安全和救援艇的正常使用。

3. 适用范围

割绳刀适用于自然水域、急流和海滩水域救援。

第三节 绳索救援装备

绳索救援装备是急流救援、海上救援、冰面救援等救援中救援人员的自我保护装备，可为绳索架设、伤员转运、水中吊起等救援行动提供安全保护。绳索救援装备的质量必须有保证，应选用一定的型号或符合国际（国内）认证标准。

一、绳索救援装备的分类

绳索救援装备主要用于绳索救援中的自我保护、人员或物资器材的升降搬运、锚点固定等。常见的个人技术装备有主锁、扁带（环）、绳索、牛尾绳、安全带、头盔、上升器、防护手套、下降器、挂钩、滑轮、止坠器和辅助救生绳索等。

绳索救援必须配备专业的绳索救援装备，禁止使用非专业绳索救援装备或两者混合使用。绳索救援装备众多，为了便于厘清，可以根据其制作材料、用途和配备对象进行分类。

1. 按制作材料分类

（1）编织类：绳（主绳和辅绳）、扁带（环）、安全带等。

（2）金属类：主锁、滑轮、上升器、下降器、止坠器等。

2. 按使用用途分类

（1）固定连接类：绳、扁带（环）、主锁等。

（2）上升类：上升器、滑轮等。

（3）下降类："8"字、自动制停等下降器。

（4）抓止类：止坠器等。

以上配备可以满足一般绳索救援需求。如需要进行更加困难或危险的救援，则可以选择团队绳索救援装备。

二、静力绳

静力绳是绳索救援的主要装备之一，主绳主要用于绳桥架设和水中

"V"形或"T"形救援。辅绳是绳索救援中起保护作用的辅助绳,分双绳和单绳,双绳在救援中可以起到更大的安全作用;双绳比单绳多一道保险,可以避免主绳滑脱、断裂造成的意外事故。

1. 特点

静力绳(图2-3-1)可分为A、B两类,A类常用于高空与专业救援,直径为11~16 mm;B类常用于探洞等活动,强度和直径均比A类小。静力绳的延展性和弹性较小,在人体重力的作用下,延展性不超过3%,作为主绳时直径一般为9~12 mm,作为辅绳(图2-3-2)和抓结绳(图2-3-3)时直径为3~7 mm。

图2-3-1　静力绳　　　　图2-3-2　辅绳　　　　图2-3-3　抓结绳

2. 功能

静力绳主要用于各种救援时的上升和下降之用,能够长时间承载作业人员与装备的重量,起到很好的防坠落保护作用。

3. 适用范围

静力绳一般作为高空、水上横渡等专业救援架设的主绳和辅绳之用。

三、上升器

上升器分为手式、脚式和胸式三种(图2-3-4~图2-3-6),是在绳索上攀登的一种爪齿受力装备。

图2-3-4　手式上升器　　　　图2-3-5　脚式上升器

图 2-3-6　胸式上升器

1. 功能

（1）手式上升器：包括左手使用和右手使用两种。手式上升器是一种手握式的上升器，通常只有一个手柄，适合单手操作，使用时可以方便地安装在绳索上，提供良好的把手感觉，使攀登者能够轻松地握住并控制绳索的拉力。

（2）脚式上升器：一般为右脚使用，首先要安装正确，脚踝扣一定要扣紧，才可以顺利动作。

（3）胸式上升器：主要由框架、连接孔、安全开关、弹簧和凸轮轴组成，一般固定在胸前与全身安全带配合使用，是沿绳索向上攀登的一种专用上升装备，具有安装方便、快捷、安全性高的特点。

手式上升器仅作为绳索攀登装备使用，脚式上升器适用于需要脚部力量的攀岩环境，胸式上升器可作为攀登与上提搬运使用。可用安全锁将上升器安装在全身式安全吊带的胸前位置，通过手式上升器和胸式上升器交替使用配合攀爬。也可由下往上提升重物、搬运伤员或溺水者。

2. 适用范围

上升器常用于水上救援桥下作业、高空下降救援与提升等场景。

四、下降器

下降器是救援人员借助绳索下降或上升的一种辅助装置，有"8"字下降器（图 2-3-7）和自动制停下降器（图 2-3-8）两种类型。其中"8"字下降器具有小巧、轻质、方便等特性，在垂降救援中应用广泛，需要手工打锁才能制停；自动制停下降器具备上升与下降保护功能，当救援人员在绳索操作中出现慌乱情况时，可以自动制停。

图 2-3-7 "8"字下降器　　　　图 2-3-8 自动制停下降器

1. 功能

下降器主要用于绳索救援时的上升与下降。其中,"8"字下降器具有小巧、轻质、方便等特性,在垂降救援中应用广泛,需要手工打锁才能制停;自动制停下降器具备上升与下降保护功能,当救援人员在绳索操作中出现慌乱情况时,可以自动制停。

2. 适用范围

下降器可作为急流和海上救援、绳索和高空救援的个人安全装备使用,也可用于从桥上向水面下降。

五、扁带与扁带环

扁带和扁带环主要在各种绳索系统快速连接中起保护作用。由尼龙缝合,两端可以挂主锁,具有摩擦系数低、耐磨性能好、自重轻的特点。扁带按构造有管织、平织两种;使用中有扁带环和散扁带两种。

扁带环主要用于制作锚点(保护站),也可用于制作担架;受力强度不低于 20 kN,长度通常有 60 cm、90 cm、120 cm、150 cm、200 cm 等规格。也有一种可以调节长度的扁带。如果在制作绳索系统时采取折叠或双股使用,能成倍增加受力强度。

机制成型扁带有 120 mm 和 60 mm 两种,可调节前进挽索和尼龙扁带脚踏环。

1. 功能

扁带与扁带环主要用于辅助绳索救援,对救援人员起到自我保护和帮助救援作用。

2. 适用范围

扁带与扁带环作为急流和海上救援、绳索和高空救援等的个人安全装备使用。

六、主锁

主锁是连接绳索和其他装备的装置，是绳索系统中最重要的装备之一，强度需达到 15 kN 以上。按材质可分为钢制、合金制两种；按形状可分为 D 形锁、HMS 梨形主锁、O 形自动锁、O 形丝扣锁等；按开口类型可分为螺纹锁、自动锁、手动锁等。

1. 功能

主锁主要用于绳索救援固定、挂钩、自我保护和帮助救援。

2. 适用范围

主锁作为急流和海上救援、绳索和高空救援等的个人安全装备使用。

七、滑轮

滑轮是急流和海上救援、绳索和高空救援的常用装备，一般与绳索组成改变力和速度的滑轮绳索系统，具有滑动、变向、保护、省力等作用。有单滑轮、固定侧板滑轮、心形滑轮和双滑轮等类型。

1. 功能

滑轮主要用于绳索救援移动，对救援人员起到自我保护和帮助救援作用。

2. 适用范围

滑轮作为急流和海上救援、绳索和高空救援等的个人安全装备使用。

八、分力板

分力板多为铝合金材质，主要有单排孔和双排孔两种。使用时挂扣分力要均匀，一个孔只能挂一把锁，禁止使用具有断裂、划痕、变形、磨损、腐蚀等问题的分力板。严禁使用经历过冲坠系数 ≥1 的坠落冲击的分力板。在救援中要挂扣多种锁钩，确保安全。

1. 功能

分力板在救援中挂扣多种锁钩，用来确保救援人员自身安全和救援成功。

2. 适用范围

分力板主要用于 Y 锚点、担架制作和"T"形救援等绳索救援。

九、安全带

安全带是确保救援人员与绳索系统可靠连接的重要保护装置，多用于自然水域绳索救援和户外山地救援。

1. 类型

安全带可分为多功能救生衣安全带（图 2-3-9）、坐式安全带（图 2-3-10），以及全身安全带等多种形式。其中多功能救生衣安全带兼具普通安全带和救生衣功能。

图 2-3-9　多功能救生衣安全带　　图 2-3-10　坐式安全带

2. 功能

安全带用于保护救援人员在水上绳索救援中的自身安全和救援安全，是绳索救援下降时实现自我保护的专业装备。多功能救生衣也可以作为安全带使用。

3. 适用范围

安全带适用于自然水域绳索救援和户外山地救援。

十、其他辅助装备

绳索系统架设和救援的辅助装备器材还有挂片套装（带膨胀螺栓）、成套快挂（12 cm）、开线锤、多向带开门圆环、前进挽索、扁带脚踏环等，可起到固定、保护、建立锚点的作用。

思考题

1. 简述个人安全装备的重要性。

2. 常见的个人安全装备有哪几种？
3. 简述装备与技术的关系。
4. 阐述个人安全装备与团队装备的重要性。
5. 救援服装主要有哪几类？其功能是什么？
6. 绳索救援装备有哪些组成部分？其功能是什么？

第三章
静水救援

◇ **本章学习目标**

了解静水救援的基本原则、预防措施和安全注意事项；熟练掌握语言指导救援技术、岸上延伸救援技术、抛绳包（袋）救援技术、游泳救生技术、静水徒手游泳救援技术、桨板救援技术等基础救援技术；正确掌握现场急救技术。

第一节　静水救援概述

静水救援通常是指水上救生，可分为游泳池（馆）救生，以及在池塘、水库、江河湖泊、海滨浴场等开放的自然水域游泳时，救生员对游泳者进行全面观察、监护和对溺水者实施救助的行为。

一、静水救援基本原则

（1）坚持岸上救援优于入水救援的原则。尤其是对不会游泳者，应避免入水救援，预防"舍己救人"的悲剧发生。

（2）坚持器材救援优于徒手救援的原则。救援器材可保护救援人员自己，并帮助救援人员快速地救助溺水者，更能避免救援人员在水中接近溺水者时，被溺水者缠绕，发生双溺事件。

（3）坚持团队救援优于个人救援的原则。可以充分发挥团队的智慧与力量，团结协作、互相帮助，达到快速救援的目的。

（4）坚持先救有意识者，后救无意识者的原则。确保生命第一，尊重生命至上的原则，避免发生二次溺水死亡事件。

（5）坚持"就近、就便、就快"的原则。拯溺救难，更好地保护人的生命和健康。

二、静水救援预防措施

1. 加强水域监管，做好溺水事故预防工作

（1）排查危险水域，设立醒目警示标志，做好安全隔离或封闭措施，如在岸边设置护栏，给水井、粪窖加盖等，使人们不能轻易接近、进入或误入危险水域。

（2）城市中各类开放水域，根据水域情况设专人值守，及时发现并劝说试图在危险水域游泳的人及其他人员离开。

（3）公共游泳池、公共游泳海滩等公共游泳场所，应严格按照《体育场所开放条件与技术要求　第1部分：游泳场所》（GB 19079.1-2013）要求，加强和完善硬件设施建设，配置足够的救生人员和合格的救生器材与设备，并经常进行检查和保养。

（4）加强巡逻监管，实时监控游泳环境，防止违规行为和动作。

2. 加强宣传教育，提高自我安全意识

（1）禁止到陌生或易发生淹溺伤亡事故的地方游泳。在游泳馆游泳时，应服从管理人员指挥，禁止跳水、潜泳等危险动作和行为。

（2）禁止到不熟悉和不了解的河流、水溪、湖泊等开放水域游泳，防止因常识不足而发生危险。

（3）禁止去危险水域戏水、游泳等。河床、池塘边、滩涂、海岸潮间带、湖泊岸边、码头边缘等存在湿滑地带，稍有不慎易失足落水而发生意外。因此，外出时尽量避免去湿滑地带。

（4）避免逞强好胜、过分自信或过于自负，忽略各种危险因素和各种建议、意见，在不知情的水域中逞一时之快，造成意外，一定要有危险意识。

3. 如何防止意外事故

（1）注意自己的健康情况，患有感冒、发烧、耳鼻喉等疾病者和病后初愈者不可入水游泳；用餐前、后，运动疲劳等情况下均不适合戏水。

(2) 游泳下水前应先做准备活动、淋浴，依据自己的游泳能力调整运动量，在开放水域戏水要结伴而行。

(3) 遵循安全警示标志规定，在设有警告标志、风浪过大、急流、特殊水流及水质不洁等区域均不应从事水上活动。

(4) 遵守安全公告启示，注意水域环境个别差异及特殊危险因素。在公开水域、海滨浴场游泳时，随时注意风向、风速及潮汐变化公告，以免发生意外或不测。

(5) 禁止到港口或航道等危险水域游泳和戏水，一旦发生危险状况，听不到警告信号或船行声，易发生碰撞危险。如必须下水，应通知港口航管单位，并使用旗标或其他安全警示标志。

(6) 提高游泳安全意识，不论在游泳池还是在开放水域游泳，在水中都必须随时观察周边环境，避开危险，不可闭目乱闯。

(7) 禁止在游泳时打闹，发现同伴有异常现象应立即给予适当的协助和呼救。

(8) 水上救援是一项高危作业，需要具备专业技术才能从事救援工作，未经训练及不具备娴熟技能者，不可贸然下水拯溺，以免造成更大悲剧。

三、静水救援安全注意事项

静水救援首先要开展防溺水安全教育和宣传，做好预防工作，防止少年儿童擅自到自然水域游泳或危险水域戏水和从事水上活动而发生意外或溺水死亡事件。

(1) 以观察巡逻、跟踪和劝阻为主，将可能发生的事故隐患消除在萌芽之中，始终坚持防救结合，有备无患。

(2) 坚持溺水救援"黄金6分钟"原则，做到争分夺秒，选择简便、快速、安全的救援方式，尽最大努力挽救溺水者的生命。

(3) 入水救援时，救援人员必须自己会游泳，才能实施救援行动；不会游泳者禁止采用"人链"式入水救援，以防"人链"断裂，造成救援人员自己发生溺水事故。

第二节　语言指导救援技术

语言指导救援技术属于岸上救援技术的范畴，主要是救援人员通过语言指导方法，向被困或被救者发出提示，让他们通过自己的努力进行自救的一种救援方式。

采取此方法首先要确认被救者意识清醒，有自主行为能力或会游泳，间隔距离相对较近，一般可以听到救援人员的呼喊声，并按照语言指导方法实施救援，达到救援成功的目的。

一、语言指导救援技术概述

1. 定义

语言指导救援技术应用的对象为意识清醒、具备自主行为能力者，是指救援人员用语言呼救、求救，请求他人的帮助和引起周围人群的注意，提示、指导、指挥救援团队和被救者按照语言指令，开展救援行动；缓解被救者在水中的恐惧心理，激发其求生欲望，增强其战胜困难的信心。语言指导救援技术属于岸上救援的基本技术之一，选择时机恰当、方法有效，可起到事半功倍的效果。

2. 优点

救援速度快、风险低、效果好；救援人员不管会不会游泳，均可在岸上或沙滩上向被救者发出指令，实施语言指导救援，但是被救者必须会游泳和有自主行为能力。

3. 风险管控

救援人员在岸上执勤，发现有人进入危险水域或深水区时，可以用语言或哨声及时提醒他们快速离开，回到安全水域，规避风险，起到预防作用。

4. 效果

救援人员通过向被救者发出语言指令，指导他们进行自救、等待救援和配合救援行动，达到脱险和避免溺水事故发生的目的。在团队救援中，指挥员向救援团队发出命令，指导救援人员选择合适的救援方式，提醒水域风险、安全注意事项，加强团队协作。

5. 适用范围

语言指导救援技术适用于游泳池（馆）、平静水域、急流、海滩、滩涂等水域环境。一般间隔距离为10~50 m。

二、语言指导救援技术的应用

语言指导救援技术包括岸上指导、涉水指导、游泳指导和舟艇指导等方式。在任何水域救援中均可使用，属于水上救援的第一环节，也是最安全、最简单、最快捷、最有效的间接救援方式，值得学习、使用和推广。常见的应用如下：

（1）当发现有人落水或被困时，通过语言指导救援技术，可以提醒周围的人有次序地开展救援活动，以免现场救援混乱。如求助周围人群协助，"请帮我拨打110或120，这里有人溺水，我需要帮助""请帮我一起维护秩序，以确保救援现场安全、通畅"等。

（2）当发现有人在水上出现危险动作或行为时，通过语言指导救援技术，可以劝阻、警告、制止相关人员进入危险水域或做危险动作，如跳水、潜水、打闹等行为，避免发生更大危险或死亡事件。

（3）当遇到海滩离岸流和沿岸流时，通过语言指导救援技术指导游泳者或被救者放松身体，用仰漂的姿势随波逐流，漂流到洄流区等待救援。避免被救者与风浪抗争，导致体力消耗过大，发生意外事故。

（4）当发现有人在海滩水域游泳中遇到风险时，使用语言指导救援技术告诉被救者使用借浪技术，可以摆脱危险；在急流中遇到危险的水流，使用语言指导救援技术可以告知被救者，选择沿与上游对岸呈45°角的攻击式、防卫式或确保式游泳，以躲避危险水流，选择正确的逃生路线和技术，摆脱水流威胁，快速登岸脱险。

（5）当被困者在危险水域无法脱困或迷茫时，使用语言指导救援技术可以极大地帮助被困者使用正确的自救方法，摆脱困境和逃离危险水域。

三、语言指导救援技术的使用原则

语言指导救援技术属于岸上救援技术之一，如何正确、合理地运用语言指导救援技术，值得探索、分析和推广。语言指导救援技术在使用过程中遵循以下原则：

（1）语言指导救援技术主要是面对清醒的被困者，适用于游泳者、受灾群众转移、孤岛救援和自杀行为的救援；尤其是遇到恶劣环境，救援人员无法采取器械进行岸上和入水救援时，语言指导救援技术可弥补其他救援方法的缺陷。若救援对象为没有意识和昏迷者，此方式无效。

（2）使用语言指导救援技术救援时，语言指导的表达方式应让被救者能听到或听懂，应做到口齿清楚、文字简单、声音洪亮。

（3）如果距离较远，可以借助高音喇叭或扩音器材实施语言指导救援技术，让被困者或需要救援者能根据语言指导的方法，采取自救或主动配合救援人员的行动，以实现语言指导救援技术的功能。

第三节　岸上延伸救援技术

延伸救援技术是岸上救援技术之一，常用的方法是手援法、脚援法、救生杆救援法和抛投救援法等，达到快速、安全和提高救援成功率的目的，但是此救援方法的缺陷是救援距离较短，一般为 0.5~3 m。对于非专业救援人员来说，手援法存在较高的风险。

一、手援法

手援法是伸手可触及距离内采取的救援方法，属于主动性救援方式。救援方式是救援人员在岸上把自己的手伸向被救者，让其抓住后实施救援，将其拖带靠近自己。为保证自身安全，救援人员应下蹲或俯卧在地上，禁止采取站立式，避免被溺水者拖入水中，造成二次溺水。

1. 技术要点

当第一目击者发现有人落水或溺水时，身边没有或找不到任何救生工具，可以利用自己的双手作为救生工具，在近距离内完成救援。手援法救援距离较短，一般为 0.5~1.0 m。

2. 优点

手援法的优点是救援速度快，只要确保自身安全，不会游泳的人也可采取此方式实施救援。

3. 风险管控

（1）使用手援法救援时，采取下蹲式降低身体重心，或采取俯卧式以增大身体与地面的接触面，提高稳固性。

（2）如果岸边有抓手处，可一手抓住岸上的固定点（树、草皮等），增加身体的支撑点。

（3）避免在救援时被溺水者拖入水中，发生二次溺水事件。

4. 救援方法

救援人员快速跑向岸边，身体下蹲或俯卧在地上，伸手抓住落水者，尽量抓住手腕部位（图3-3-1），以防止脱手后造成救援失败，更要避免被其拖入水中，发生二次溺水事故。

图 3-3-1　游泳池手援法

图 3-3-2　登礁手援法

当遇到登礁时，礁石上摩擦力大，可以采取手援法予以帮助。队员之间互相合作，可以采取礁石上人员用手拉，水下人员用手推，安全地将落水人员送到礁石或岸边（图3-3-2）。

图 3-3-3　脚援法

二、脚援法

脚援法（图3-3-3）是一种被动性救援方式，相对于手援法，工作距离更长，一般为 1~1.5 m。脚援法是一种更安全的岸上延伸接触性徒手救援方式。

1. 技术要点

使用脚援法时，救援者坐在地上，

以降低重心，用手抓住岸上的固定物体，以防止被溺水者拖下水。

2. 风险管控

由于脚援法是一种被动性救援方式，所以被救者必须清醒、具有自主能力。救援者拖带时要及时观察被救者的情况，防止被救者脱手造成二次溺水现象。

3. 救援方法

救援人员快速跑向岸边，身体俯卧或坐在地上，脚伸向落水者方向，让其抓住，注意观察落水者，以防止落水者脱手造成救援失败或被其拖入水中，发生二次溺水或"双溺"事故。

三、救生杆救援法

使用救生杆救援法可延长岸上救援距离。一般距离在3~5 m之间时，救援者使用救生杆可以不用下水或在安全可控范围内涉水救援。对于不会游泳者来说，此方法是岸上救援的首选方法之一，可确保自身安全，避免发生落水或溺水事故（图3-3-4）。

图3-3-4　救生杆救援法

除专用救生杆外，还可选择竹竿、钓鱼竿、树木或长条等自制的延伸接触救援工具，达到快速救援的目的。

1. 技术要点

当发现有人落水或溺水时，立即将救生杆快速地延伸到被救者身边触手可及的位置，拖带时，双脚呈弓步状平稳地站或半蹲在岸边，降低身体重心，缓慢地收杆；收杆时，双眼紧盯被救者，防止被救者脱手、救生杆断裂等意外事故发生；到岸边后提拉或搀扶被救者上岸。

2. 风险管控

救生杆延伸向被救者时，应慢慢地靠近被救者手可触及的位置，不要直接伸向头部，以免伤害咽喉和眼睛，造成二次伤害。

3. 救援方法

救援人员快速跑向岸边靠近落水者的位置，将救生杆伸向落水者伸手可以抓到的位置，观察到救生杆已被其抓住后，用语言安慰和提示落水者，身体下蹲或俯卧在地上，缓慢地收缩或收回救生杆，同时注意观察，防止落水者脱手或被其拖入水中，造成救援失败，避免发生二次溺水或"双溺"事故。

四、抛投救援法

在岸上救援时，遇到延伸接触救援器材距离不够时，可采取抛投救援法，常见的器材有抛绳包（袋）、救生圈（图 3-3-5）、救生绳（图 3-3-6），以及自制的浮力工具，如篮球、排球、足球、饮料瓶、汽油桶、汽车内胎等。

图 3-3-5 救生圈　　　　　图 3-3-6 救生绳

1. 技术要点

利用抛投救援法，目测距离，将救援器材抛投至被救者伸手可以抓住的范围，然后将被救者拖带至岸边，达到救援目的。

2. 风险管控

选择正确的抛投方法，力争一次性完成，万一失败，则采取二次或三次抛投，直至救援完成。

3. 救援方法

当发现有人落水时，救援人员快速跑向岸边靠近落水者的位置，将救生圈或救生绳迅速抛向落水者伸手可以抓到的位置，待落水者抓住后，用语言安慰和提示，身体下蹲或俯卧在地上，缓慢地收回救生圈或绳，同时注意观察，防止落水者脱手或被其拖入水中，造成救援失败，避免发生二次溺水或"双溺"事故。

第四节 抛绳包（袋）救援技术

抛绳包（袋）救援技术是岸上、船上和水中救援的核心技术之一，主要目的是运用绳包（袋）抛投技术，对意识清醒和有自主行为能力者实施救援，属于快速、简单、准确、安全的救援方法；其基本要求是抛得准、抛得远、抛得快，基本标准是力争一次性抛投成功，尽量避免在自然水域采取二次抛或接力抛而失去最佳救援时机。

一、绳包（袋）装备概述

绳包（袋）属于个人安全装备之一，也是岸上和船上抛投救援首选的救援器材，以及活饵救援和自我逃生的辅助器材。抛绳包（袋）救援技术中，绳索使用的是浮力绳，它在水中的阻力较小。平时绳包（图 3-4-1）横挂在腰间备用，使用时可以快速解下，绳袋（图 3-4-2）可以手提或挂扣在救生衣上备用。

图 3-4-1　绳包

图 3-4-2　绳袋

绳包（袋）内置绳索长度为 20~25 m，直径为 5~7 mm，重量为 0.3~0.5 kg。绳索由高科技纤维材料制成，绳包（袋）内装有独立发泡体海绵，能浮于水面，绳子颜色为橘、黄、红色。

绳包（袋）具有耐用性、牢固性、抗腐蚀性和防紫外线功能，属于个人安全装备和活饵救援辅助器材。

二、绳包（袋）抛投技术

抛投绳包（袋）实施救援时，绳包（袋）必须越过被困者头顶上方，让其看见绳包（袋）落点，落点范围为伸手即可接住或抓住救援绳的位置；抛投时禁止将绳子的一端缠绕手腕或固定在身上，以免被拖入或拉入水中，发生意外事故或救援失败。

1. 抛投方法

（1）下手抛。

下手抛投法是最常用的抛投技术之一，其特点是技术动作简单、准确性高，抛投时能正视被救者的位置和方向，可随时调整抛掷角度、方向和距离（图 3-4-3、图 3-4-4）。

图 3-4-3　下手抛预备姿势

图 3-4-4　下手抛姿势

动作要领（以右手为例）：右手抓住绳包（袋）口，将束紧绳的扣环拉开，抓在绳包（袋）上，左手虎口抓住绳端，将绳索抽离袋口，抓在手中作为固定点。身体正面面对目标，两脚前后站立，右手抓住绳包（袋），左手抓住绳头，可以预摆几次控制方向和角度。手臂由下向前上方 45°角方向快速抛投出去，同时，右脚跟着身体向前跨出一步，顺势将绳包（袋）抛出。有效落点为被救者身体周围 50 cm 左右，即被救者伸手可抓住的位置。

在急流水域抛投时，身体朝向上游 45°角方向，其他动作同上。

（2）上手抛。

上手抛投法是艇上或水中最常用的抛绳方法之一。将绳包（袋）举过肩，用小臂发力向前方投出，准确率较高，但抛投距离较近。（图 3-4-5、图 3-4-6）

图 3-4-5　上手抛预备姿势　　　　图 3-4-6　上手抛姿势

动作要领（以右手为例）：右手抓住绳包（袋）口，将束紧绳的扣环拉开，左手虎口抓住绳端，将绳索抽离袋口，抓在手中作为固定点。在岸上抛投时，两脚可以前后或平行站立，将绳包（袋）举过头顶，用小臂的力量将绳包（袋）投向目标区，落点范围同下手抛。在水中抛投时，双脚同时蹬水在水中呈站立姿势，越出水面后用力将绳包（袋）抛向岸边或船上。上手抛也是一种自救方式。

（3）侧手抛。

侧手抛投法常见于抛投空间较低、范围较小的环境。需要控制角度和方向，掌握好扇形面和有效范围，确保稳定性、准确率和远近程度。侧手抛可充分利用蹬地、转体和手臂的力量，将绳包（袋）用力地抛投至目标，抛投距离最远。常用于岸上、艇上抛投绳包（袋）、救生圈和救生球。（图 3-4-7、图 3-4-8）

图 3-4-7　侧手抛预备姿势　　　　图 3-4-8　侧手抛姿势

动作要领（以右手为例）：右手抓住绳包（袋）口，将束紧绳的扣环拉开，左手虎口抓住绳端，将绳索抽离袋口。抛投前，身体侧对目标方向，右手抓住绳包（袋），虎口在后，掌心向下，手臂略低于同侧肩，将绳袋置于身体侧后方，可以预摆几次，以稳定动作和瞄准目标。

（4）二次抛。

由于个人技术使用不当，或受风力、风向、出手角度的影响，造成第一次抛投失败后，应选择二次抛投法。其特点是需要快速收绳，跟踪目标的移动，目测间隔距离，收绳后可适当调整抛投的角度和方向，再将绳包（袋）重新抛出，以达到救援成功的目的。二次抛投法的要点如下：

① 收绳要快，收绳时间原则上控制在 8 s 以内，尽可能在最短的时间内收绳，收绳太慢会影响二次抛投的距离和救援效果。

② 收绳时眼睛要始终盯住目标，脚步跟踪目标位置，始终保持绳包（袋）与抛投间隔距离；在急流救援时，收绳时要目测水流速度和二次抛投之间的距离，快速将绳包（袋）收到可使用距离即可；在收绳的过程中要保持绳子的有序缠绕，每次收绳长度尽量保持一致，可通过手臂长度提前测算个人每次收绳长度。一般可用等长法、蝴蝶法、"O"形法、"8"字法等快速收绳技术。

（5）接力抛。

接力抛投法是指在救援区设立多个抛投点。当第一次失败后，应立即选择第二、第三、第四抛投点，以确保救援成功率。

在急流水域抛投时，当水流达到 2 级以上时，二次抛收绳的速度根本无法达到人在水流中漂移的速度，往往造成二次抛救援失败。因此，选择接力抛可以弥补二次抛收绳慢的缺陷。可以快速地进行二次抛、三次抛或四次抛等，直到救援成功。

2. 风力与风向的控制

风力和风向是影响抛投距离和准确性的重要因素，特别是遇到逆风或侧风时，抛投的准确性会受到严重影响。因此，抛投时需要校正风力和风向的影响，适当调整抛投角度，借助风力投得更远。否则抛投时就会偏离目标，造成抛绳救援失败。

（1）顺风抛投：顺风时，只要掌握正确的抛投技术，瞄准目标向正前方抛投即可，可以适当提高一些高度，以借助顺风力作用，将绳包（袋）抛投得更远、更准。

（2）侧风抛投：遇到侧风时，应适当调整方向，抛投绳包（袋）偏向上风口（或上游）处，以借助侧向风力，将绳包（袋）吹向目标，提高准确率；抛投高度不宜太高，以免侧风影响，导致抛绳救援失败。

（3）逆风抛投：当遇到逆风影响时，绳包（袋）的阻力会明显增大，抛投的距离影响更严重。为减小受到的逆风影响，应适当降低抛投角度，以更快的速度突破逆风影响。如果抛投角度太大，受逆风影响明显，抛投距离缩短，甚至绳包（袋）会被吹回来，影响抛投距离和准确率，最终导致抛投失败。

3. 收绳技术

收绳是指将已抛投的绳包（袋）整理好，将散乱的绳子有序地放入绳包（袋）中，是抛投救援基本技术之一。

（1）技术要点：收回绳子时，先将空绳包（袋）放置在身前两腿之间，然后打开袋口，以左手食指和中指及大拇指撑开袋口，绳索上肩，身体前倾；可以采取坐姿或站姿，将绳索由上往下依次放入包（袋）内，直到均匀地放完为止，再将绳尾环扣留在袋口外，拉紧束紧绳扣环或拉上绳包（袋）的拉链。

（2）注意事项：

① 收绳入袋前，应将绳包（袋）内外和绳索用清水冲洗干净，延长使用寿命。

② 收绳时应将绳子有序收入绳包（袋）内，避免相互缠绕，影响再次使用。

③ 收绳完成后，将绳包（袋）口朝下，倒挂于架子上晾干，收藏备用。

三、抛绳包（袋）救援流程

在岸上或艇上进行抛绳包（袋）救援时，应根据救援目标的位置、离岸距离、水流速度等情况，做出正确判断，选择正确的方法。抛绳包（袋）救援流程为：检查绳包→选择抛投姿势→风力与风向控制→落点

准确性控制→二次抛或接力抛→拖带与上岸→收绳与整理。（图 3-4-9~图 3-4-14）

图 3-4-9　抛投准备

图 3-4-10　岸上抛投

图 3-4-11　绳包越过被救者

图 3-4-12　绳包被接住

图 3-4-13　收绳拖带靠岸

图 3-4-14　钟摆式靠岸

（1）检查绳包（袋）：抛绳前要检查绳包（袋）内的绳子是否有打结或缠绕现象，抛投前将绳包（袋）在水中浸泡一下，以增加抛投重量，减小风阻。

（2）选择抛投姿势：根据现场位置和个人习惯，选择上手抛、下手抛或侧手抛姿势。

（3）风力与风向控制：观测风力和风向，选择抛投的角度和方向。

（4）落点准确性控制：绳包必须越过目标上方，下落后可让其伸手抓住。

（5）二次抛或接力抛：发现第一次抛投失败，应立即快速收绳，跟踪目标的移动，根据其移动的方向，控制距离。水流湍急时，可选择接力抛投法，间隔距离根据水流速度，一般为 50~100 m。

（6）拖带与上岸：若水流速度慢，可以直接采用下蹲式收绳拖带；若水流速度快，可利用钟摆原理，控制绳包一头，借助水流的推力，向下游岸边靠近，选择相对平缓的水域上岸。

（7）收绳与整理：每次训练或抛绳包（袋）救援结束后，应及时整理和清洗绳包（袋），然后将绳子有序地放入绳包（袋），以备下次训练或救援时使用。

四、抛绳包（袋）注意事项

抛绳包（袋）救援是水上救援队必须掌握的最基本、最实用、最安全的核心技术之一，适用于岸上、船上、涉水、活饵救援。

（1）抛投绳包（袋）应越过溺水者头顶上方，落点为让其伸手即可接住救援绳的位置。

（2）抛得准、抛得远、抛得快，力争一次性抛投成功。

（3）第一次抛投失败，应快速收绳作第二次抛投，达到快速救援的目的。以 5~10 m/s 的水流速度为例，采取二次抛投技术，若收绳时间按 5~8 s 计算，则二次抛投时，被救者已被水流冲出几十米远的距离。

第五节　游泳救生技术

救生游泳是一种以拯救溺水者为主要目的的游泳技能。作为救生员必须掌握此项技能。它主要包括抬头爬泳、抬头蛙泳、侧泳、基本仰泳（又称反蛙泳）、踩水等技术动作。

一、抬头爬泳

抬头爬泳的特点是头部始终露出水面，便于观察救援目标和游泳前进方向，适用于快速地接近救援目标，是救生游泳的基本技术之一。抬头爬泳与竞技爬泳的区别主要在于头部位置、动作幅度、呼吸方式等方面，抬头爬泳速度略慢，其他均基本相似。

1. 身体姿势

身体俯卧水中，头部露出水面，身体尽量保持较好的流线型，身体可围绕纵轴有节奏地转动，两眼注视前方目标以保持身体平稳向前。

技术动作由打腿、划水、呼吸配合组成。表现为高体位、高肘加速划水为主，尽量减少换气次数，保持动作连贯，节奏稳定与合理。两腿交替打水，目光注视前方目标，快速接近。抬头爬泳身体姿势见图3-5-1。

图 3-5-1　抬头爬泳身体姿势

图 3-5-2　抬头爬泳腿部动作

2. 腿部动作

两腿自然伸直，两脚稍向内扣，以增大打水面积，踝关节放松。

良好的腿部动作不仅可以维持身体平衡，而且可以保持身体位置较高，与两臂划水动作紧密配合，维持良好的流线型姿势，达到快速游泳的目的（图3-5-2）。

图 3-5-3　抬头爬泳手臂划水动作

3. 手臂动作

手臂划水是推动身体前进的主要力量，手臂动作由入水、抱水、划水、出水和空中移臂五个环节组成（图3-5-3）。

4. 完整动作

抬头爬泳的完整动作是 6 次打腿、

2 次划水和 1 次呼吸的配合动作，这种配合能保持腿、臂协调配合和身体位置较高，以保证整个配合动作的稳定性。

二、抬头蛙泳

抬头蛙泳的特点是头部始终露出水面，以便于呼吸、观察和寻找前方目标，是救生游泳的基本技术之一，适用于公开水域、海上泅渡和水上救生游泳。

1. 身体姿势

身体俯卧水面，两臂在胸前对称，直臂侧下屈划水，两腿对称屈伸蹬夹水，似青蛙游泳。（图 3-5-4）

图 3-5-4　抬头蛙泳身体姿势

2. 腿部动作

腿部动作是推动身体前进的主要动力之一。它的主要动作可分为收腿、翻脚、蹬夹和滑行四个环节，这四个环节是紧密相连的完整动作。

（1）收腿：收腿是为了给翻脚、蹬水创造有利的位置，既要减少阻力，又要考虑到手腿配合因素的需要。

（2）翻脚：蛙泳腿部技术的翻脚动作很重要，它直接影响到蹬水的效果。

（3）蹬夹：蛙泳腿部动作效果的好坏，完全取决于蹬夹水技术的正确与否。蹬夹动作实际是一个连续的完整动作，只是蹬水在先，夹水在后。

（4）滑行：蹬夹水结束后，脚处于水平面的最低点，这时身体随着蹬水的动力向前滑行，腰部下压，双脚接近水面，准备做下一个循环动作。

3. 手臂动作

手臂划水动作可以产生很大的推动力，掌握合理的手臂划水技术，并且使之与腿部动作和呼吸协调配合，能有效地提高游泳速度。手臂动作可分为开始姿势、滑下（"抱水"或"抓水"）、划水、收手和向前伸臂几个阶段，是紧密相连的完整动作。

4. 呼吸方式

在蛙泳完整配合练习时，两臂开始做动作前，若身体位置较高，练习者的口部就能始终露出水面，有利于完成吸气和呼气过程。

5. 完整动作

保持手臂、腿部与呼吸的协调一致。

三、侧泳

侧泳主要用于水上救援的拖带和目标搜寻，在长距离游泳时可节省体能，是救生游泳的基本技术之一，适用于武装泅渡、长距离游泳和水上救援。

1. 身体姿势

身体侧卧于水中，稍向胸侧倾斜，与水平面呈 10°～15°角，头的下半部浸在水中，下面臂前伸，上面臂置于体侧，在游进时身体绕纵轴转动。侧泳划水有手出水和手不出水两种（图 3-5-5）。

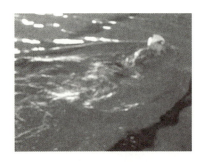 

图 3-5-5　侧泳身体姿势　　　　图 3-5-6　侧泳腿部动作

2. 腿部动作

侧泳腿部动作（图 3-5-6）包括收腿、翻脚和蹬剪腿三个动作。

（1）收腿：上腿屈髋、提膝向前收，大腿与躯干呈 90°角，小腿与大腿呈 45°～60°角。足跟靠近臀部。

（2）翻脚：当完成收腿动作后，上腿勾起脚掌，脚掌向后对准蹬水方向。下腿将脚尖绷直，脚和小腿前侧向后对准蹬水方向。

（3）蹬剪腿：上腿以髋关节发力，用大腿带动小腿稍往前伸，以脚掌对准蹬水方向，由身体前侧向后方加速蹬水。下腿以脚面和小腿对准蹬水方向，用力稍向下，再向后伸膝剪水，与上腿形成蹬剪腿动作。

3. 手臂动作

两臂交替划水，一臂在空中移臂称为上面臂，另一臂在水下移臂称为下面臂。

（1）上面臂：上面臂与爬泳手臂划水动作相似，不同的是当上面臂前移时，上体绕纵轴略有转动，这样就使两肩连线与垂直线之间的角度增大到45°~50°。这个动作能使上面臂入水点离身体较远，从而使划水路线延长。

（2）下面臂：侧泳时下面臂的动作分为准备姿势、滑下、划水和臂前移四个阶段。

① 准备姿势：手臂前伸，掌心向下，手略高于肩。

② 滑下：当臂滑下与水面呈20°~25°角时，稍勾手，屈臂，小臂与大臂呈约175°角时，使手和前臂向后对准水，快速过渡到划水动作。

③ 划水：下面臂的划水动作不是在肩下进行，而是在靠近胸侧斜下方进行的，划至腹下即结束。如果再继续用力向身后划水，就会导致身体下沉。

④ 臂前移：划水结束后，迅速收前臂，使手掌向上，并沿着腹胸向前移动。当手掌移至头前时，随臂向前伸直，手掌由内向外逐渐转至向下方。

4. 两臂的配合动作

下面臂开始划水时，上面臂前移；上面臂开始划水时，下面臂开始做前伸动作。上面臂划水结束，下面臂开始滑下。

5. 完整动作

侧泳腿、手臂和呼吸的配合，是两腿蹬剪一次，两臂各划水一次，呼吸一次。两腿蹬剪水后，在上臂划水结束与下臂前伸时，有短暂的滑行阶段。

（1）臂和腿的配合：当上面臂入水后，下面臂开始前移并收腿，上面臂划到腹下开始做推水动作时，下面臂向前伸，同时腿用力向后做蹬剪动作。

（2）臂和呼吸的配合：上面臂开始划水时，逐渐呼气，划到腹下做推水时转头吸气。移臂和入水时，头还原，闭气。

（3）上臂划至大腿旁，转头吸气，下臂在肩前伸直，掌心向下，两腿用力向后蹬剪水。

四、基本仰泳

基本仰泳又称反蛙泳，主要用于水上救援的拖带、仰漂，是救生游泳的基本技术之一。游泳者的身体呈仰卧姿势，两腿同时向后蹬夹水，两臂在体侧同时划水；拖带时，双手抓住被救者两侧的腋下，采取反蛙泳姿势，返回岸边或浅滩。适用于徒手救援的拖带和静水仰漂游泳，可节省体能和自我保护。（图3-5-7、图3-5-8）

图 3-5-7　基本仰泳

图 3-5-8　浮标基本仰泳拖带

1. 身体姿势

身体仰卧于水中，自然伸直，头部与躯干在一条直线上，下颌稍贴近胸部，脸露出水面，当手臂划水时，头微微抬高。当收腿时，臀部稍下沉，蹬腿时，臀部稍抬起，恢复到原来的姿势。

2. 腿部动作

收腿时，膝向两侧边收边分，大腿微收，小腿向侧下方收得较多。收腿结束时，大腿与上体呈140°~150°角，两膝略宽于肩，脚和小腿内侧向后对准蹬水方向。然后小腿带动大腿发力，使小腿和脚向侧后方蹬夹水。

腿部动作分为屈、蹬两个动作。

（1）屈腿：双膝自然分开，小腿下垂屈膝，不露出水面，小腿放松位于双膝外侧，脚跟靠近臀部。

（2）蹬腿：两脚指向外侧，双腿向外、向后画弧蹬夹，膝关节伸直瞬间，两腿用力向内夹拢。

3. 手臂动作

两臂自然伸直同时经空中在肩前入水，然后屈臂高肘，掌心向后，使手和前臂对准划水方向，用力在体侧划水。划水结束后，两臂停留体侧，使身体向前滑行；然后两臂自然放松从空中向前移臂。

手臂动作分为提手、伸展、划手三个动作。

（1）提手：两臂同时屈肘，沿腹、肋外侧将双手提至胸腋处。

（2）伸展：两手自胸腋处，同时沿肩头延长线，向外侧伸展。

（3）划手：肘部略微弯曲，两臂向后划水至大腿外侧。

4. 手臂和腿的配合

手臂和腿的配合技术主要有两种。

（1）手臂划水与蹬夹水几乎同时进行（移臂与收腿同时进行）。

（2）手臂划水和蹬夹水交替进行，但手臂、腿各做一次动作之后身体自然滑行。

5. 呼吸方式

一般在移臂时吸气，两臂入水后稍闭气，然后用口鼻均匀地呼气。

五、踩水

踩水也称立泳，是救生游泳的基本技术之一，常用于观察游泳方向、救援目标，以及进行语言交流与安慰。

1. 身体姿势

身体在水中的角度接近于直立，头部露出水面自由呼吸，借助两腿的蹬水和两臂的划水使人体在水中垂直浮动。

2. 腿部动作

踩水时，两腿同时做类似蛙泳的向下蹬水动作，两臂在胸前做横向划水动作，也可采用两腿交替蹬踩和两臂上下压水的方式。踩水腿部动作可分为以下三种：

（1）搅蛋式：两腿交替蹬水。两腿在水中分别由外而内、由后向前、侧向蹬踏，腿的蹬水路线及回收路线近似椭圆形。如同烹饪时的搅蛋动作，两手在身体两侧，做下压动作来配合腿部动作，使头颈部始终露出水面，保持正常的呼吸和浮动。

（2）小蛙式：身体在水中直立，腿部动作与蛙泳相似，两腿同时蹬夹水，因速度较快，动作幅度较小，故称之为小蛙式。两臂位于胸前做轻松划水动作，稳定身体，使头颈部始终露出水面。

（3）剪刀式：穿着蛙鞋时无法用搅蛋式和小蛙式踩水，两腿在水中做前后剪动，使用蛙鞋在水中可获得较大的动力，在剪动时可减慢速度以节省体力，两臂在身前进行直臂式摇橹划水。

3. 手臂动作

两臂弯曲，手和前臂在胸前做向外、向内的摸水动作，手臂动作不宜过大。向外摸水时掌心稍向外，向里摸水时掌心稍向内，手掌要有压水的感觉，两手摸水路线呈弧形。

4. 腿和手臂的配合

腿和手臂的动作配合要连贯，一般是两腿各蹬夹一次或两腿同时蹬夹一次，两手做一次摸水动作。采用两腿交替蹬夹水的配合时，通常是腿和手同时不停地进行。而采用两腿同时蹬夹水的配合时，是两腿做蹬夹水动作的同时，两手做向外的摸水动作。

5. 完整动作与呼吸的配合

踩水时腿、手臂的动作要有节奏，不要用力憋气，随腿、手臂动作的节奏自然地呼吸。用踩水技术游进时，身体要略前倾，腿稍向后侧蹬水，两臂向后拨水。

第六节　静水徒手游泳救援技术

徒手游泳救援需要具备良好的游泳技能和身体素质，常用于游泳池直接赴救。徒手游泳救援是一项高风险的救援技术，其特点是救援速度快、效果好，技术难度是要求救援人员游泳水平高。

一、徒手游泳救援概述

徒手游泳救援是指救援距离较远，无法采取岸上救援方式时，选择游泳直接赴救的方式，对溺水者实施救援行动。其救援风险是接近溺水者时要防止被其搂抱或纠缠，做好防卫与解脱。

1. 救援对象

救援对象主要是溺水者。面对意识清醒的溺水者，救援时禁止采取正面接近方式，防止被溺水者搂抱或纠缠，应选择侧面和背面接近。遇到无意识溺水者时，应快速游近目标，从侧面或背面接近并控制目标。若溺水者已沉入水底，则需要潜水接近，采取搜救与打捞方式，快速地将溺水者提拉出水面。

2. 特点

徒手游泳救援属于入水救援技术之一，其救援成本低、速度快，但对游泳技能要求高，救援风险也高，尤其对于初级救生员和游泳能力较差者，应谨慎使用。

3. 适用范围

徒手游泳救援主要用于短距离的静水救援，通常适用于游泳池（馆）的静水环境，非专业救援人员禁止使用。

4. 风险管控

徒手游泳救援存在很大的风险，为避免出现"双溺"现象，入水前须对环境、自身救援能力和水域进行评估，并做出正确判断。在自然水域禁止使用徒手游泳救援技术，可选择携带浮标、救生圈、救生衣等浮力工具，以确保救援人员的自身安全，节省体力。

二、徒手游泳救援的流程

徒手游泳救援的流程为：判断→呼救→入水→接近→防卫与解脱→控制→拖带→上岸→搬运。

1. 判断

判断是徒手游泳救援流程的第一步，入水救援前要防止盲目救援，以免发生意外事故。入水前，要评估水域环境和溺水者情况、救援人员自身的游泳救援能力，选择正确的救援技术。在自然水域，还要观察和评估水流、水深和能见度，携带浮力工具和救援器材，实施救援行动。

2. 呼救

呼救是入水救援的基本流程之一。一是提醒溺水者有人来救援了；二是请求周围人群的帮助和支持，协助拨打"110"或"120"；三是维持救援现场的秩序和环境，有利于救援行动不受干扰和妨碍，为快速救援争取时间并保障安全。

3. 入水

入水技术应以合理、安全、简单、快速为主；针对不同的水域环境，选择不同的入水技术，尽量靠近溺水地点，达到快速救援的目的。

常用的入水技术有：跨步式、蛙跳式、鱼跃浅入式、高台直立式、静式等。

图 3-6-1　跨步式

（1）跨步式。

跨步式（图 3-6-1）是最常见的静水救生入水技术，适用于水位较浅的水域。其优点是动作简单、自然，入水后不易下沉，头部始终保持在水面上，可以紧盯溺水者，还可以快速转入抬头爬泳姿势，游向救援目标。

动作要领：入水前两脚前后站立于岸边，两脚用力蹬地并向前跨出一大步，呈弓步状腾空姿势，两脚前后依次入水，两臂在前下方自然侧平举；入水时上体前倾，以增加与水面接触的面积，双腿迅速夹水，双手抱水，以增加阻力，减缓下沉力量，以维持身体平衡并保持在水中不下沉，头部始终保持在水面上，并做踩水动作，立即寻找目标。

（2）蛙跳式。

蛙跳式（图 3-6-2）常用于岸边、船边入水，适用于水深较浅的位置，出发前站立位置与水面的高度在 2 m 以内为宜。其优点是救援人员入水时的头部始终露出水面，便于观察溺水者的位置和选择游泳的方向和路线。入水后，立即变成蛙泳姿势，快速地游向目标。

图 3-6-2　蛙跳式

动作要领：两腿平行站立在岸（船）边，两眼紧盯目标，入水时两脚同时蹬地向前上方跳入水中，两臂在前下方侧举，上体稍前倾，腾空时两腿身后屈膝、脚掌外翻呈蛙泳腿，入水时，上体压水、两臂抱水、两腿做蛙泳腿夹水动作，形成向上的合力，维持身体的平衡，上体保持不下沉，头部始终在水面上，并做踩水动作，立即寻找目标。

（3）鱼跃浅入式。

鱼跃浅入式入水技术（图3-6-3）常用于环境熟悉水域，禁止在陌生水域使用。入水后头部迅速露出水面，以寻找救援目标和方向，直接使用抬头爬泳姿势游泳。要注意入水的角度和姿势，避免因动作错误或水下不明障碍物撞击导致头部或颈椎受伤。

图3-6-3　鱼跃浅入式

动作要领：自然站立在岸（船）边，入水之前，两脚站稳，两眼注视溺水者的方向，跳跃时两臂摆起伸向前方，两腿同时蹬地挺身跃起，空中动作时，收腹含胸。手、头、上体、全身依次入水；入水角度浅而平，入水后立即从水下滑翔露出水面，迅速寻找目标，并使用抬头爬泳姿势快速接近目标。

（4）高台直立式。

高台直立式入水（图3-6-4）通常用于自船上、岸上和桥上等高处向下跳入水中，适用于水深为3~6 m（因高处高度不同而不同）的水域，在浅水区或水域情况不明处，禁止使用。

动作要领：入水前站立在高处，两眼观察水下情况，确保水深和水面位置安全。一手掌根部顶住下颚，两指夹住鼻子；一手夹紧另一手臂，保护颈椎，防止受伤和鼻子呛水。入水后头部迅速露出水面，利用踩水技术寻找目标，换一口气后，使用抬头爬泳姿势快速接近目标。

图3-6-4　高台直立式

(5）静式。

静式（图3-6-5），又称探索式或摸索式，是最安全的入水方法之一，适用于礁石丛、急流、水库等水下情况不明环境。通常是先涉水并缓慢地探索和摸索前进，到达齐腰深水位时扑入水中。可以防止水下障碍物、暗流、礁石等对游泳者的安全造成威胁。

图3-6-5　静式

动作要领：出发时，要降低身体重心，呈后弓步姿势，眼睛注视下水的区域目标，身体背向岸上或侧面前移缓慢地摸索入水，选择一脚前进、一脚站稳，手可以向下摸索水中情况，慢慢地下水。在自然水域入水时，缓慢地涉水前进，重心在后脚上，脚底踩到地面保持身体平衡，到达水深至腰部位置时，前扑式入水，头部保持在水面上，以便寻找、观察和接近目标。

4. 接近

接近技术主要是通过游泳技能，选择正确的路线，快速地接近救援目标。最常用的泳姿是抬头爬泳、抬头蛙泳和侧泳。接近技术主要有背面接近、侧面接近和水底接近。

（1）背面接近。

背面接近是最安全的方式，因为溺水者不能用反关节动作来抓住或抱住救援人员。背面接近可以直接从背面接近，也可以从正面或侧面游泳绕到背后接近溺水者，然后控制溺水者。

（2）侧面接近。

从侧面接近溺水者时，要保持一段距离，先观察溺水者的情况。在溺水者挣扎过程中，快速抓住其一个手腕，然后上提向后，将溺水者成反关节控制，拖拉到身前使其背对自己，另一手做夹胸式控制动作，即可用侧泳将其拖带返回。

（3）水底接近。

当溺水者沉入水底时，救援者潜泳至附近水域或水下搜寻，发现目标后,潜入水底接近溺水者,从背后托双腋将其带出水面。

5. 防卫

防卫技术是救援人员在水中防止被溺水者抓住或抱住的技术之一,主要是应对有意识和清醒的溺水者,避免发生意外事故或威胁救援人员的生命安全。常用的防卫技术有单手阻挡、双手阻挡、双手下压和单(双)脚蹬离等。如果正常防卫失败,就需要使用解脱技术,确保自身安全。

(1) 单手阻挡。

当溺水者想抓住或抱住救援人员时,救援人员可采取单手阻挡的方法,推开或躲避溺水者。然后立即侧转身体,单手触及溺水者的胸、肩、手等部位,并将其推开(图3-6-6)。

(2) 双手阻挡。

图3-6-6 单手阻挡

当遇到有溺水者想抓住或抱住漂浮在水面的救援人员时,应立即用双手接触溺水者的胸部,做双手阻挡,并顺势反握住溺水者手腕,控制其手臂,用侧泳姿势将溺水者带回岸边(图3-6-7)。

(3) 双手下压。

当使用双手阻挡无效时,应立即做踩水动作,将身体抬出水面后深吸一口气,然后采取双手下压的方式由上方压

图3-6-7 双手阻挡

住溺水者的肩、胸部,用力将其压入水中,溺水者被压到水中后,因无法呼吸就会自然松手,从而达到防卫的目的。

(4) 单(双)脚蹬离。

当救援人员采取单手阻挡、双手阻挡和双手下压的方式仍然无法脱离溺水者的抓抱时,可将身体后仰呈仰漂姿势,保持呼吸畅通,然后做收腹举腿动作,立即用单(双)脚的脚跟抵住溺水者的肩部或腹部,用力向前蹬,即可与溺水者分开,达到防卫自救的目的。

6. 解脱

解脱技术是救援人员被溺水者抓住或抱住时，在以不伤害对方为原则的前提下，快速地摆脱危险的行为。解脱技术主要根据被溺水者抓抱部位和情况的不同（包括手臂被抓、头发被抓、颈部被抱持、腰部被抱持、双腿被抱持等几种情况）分别采取转腕解脱法、推击解脱法等方法进行解脱。

（1）单手（臂）被抓。

① 转腕解脱法：适用于单手（臂）被异侧手抓握的情况。以救援人员右手被抓为例，当右手被溺水人员的右手抓住时，救援人员可用被抓的右手上提，后做转腕外翻下压动作进行解脱，并用右手及时抓住溺水者的右手腕部位向右拉出，使溺水者背部贴近救援人员前胸，有效控制溺水者后实施拖带。

② 推击解脱法：适用于单手（臂）被同侧手抓握的情况。以救援人员左手被抓为例，当左手被溺水人员的右手抓住时，救援者可用右手虎口推击溺水者的右手腕部进行解脱，撞击时要迅速、有力，迫使其手松开。解脱后，立即紧握溺水者的右手腕部，并及时把溺水者的右手向救援者右侧拉出，使溺水者背部贴近救援者前胸，有效控制溺水者后实施拖带。

（2）单手（臂）被双手抓握。

① 同侧手在上解脱法：以救援人员右臂被抓为例，当右臂被溺水者双手抓握时（溺水者左手在上，右手在下），救援人员左手虎口向下，用力撞击溺水者左手腕部，使溺水者松开一手，并紧握溺水者左手腕，然后救援人员上身前倾，以左臂肘部回击溺水者右手腕部，实现全部解脱，并趁势将溺水者的左手向自己的左侧拉出，使溺水者转体至背部贴近救援人员前胸，有效控制溺水者后实施拖带。

② 异侧手在上解脱法：以救援人员右臂被抓为例，当右臂被溺水者双手抓握时（溺水者右手在上，左手在下），救援人员先用左臂肘部撞击溺水者右手腕部，再用左手虎口推击溺水者左手腕部，顺势将溺水者左手腕控制，并趁势将溺水者的左手向自己的左侧拉出，使溺水者转体至背部贴近救援人员前胸，有效控制溺水者后实施拖带。

(3) 双手同时被抓。

① 转腕解脱法：当双手被溺水者抓持时，救援人员可采用转腕解脱法进行解脱。救援人员应迅速将溺水者双臂上提，上提后救援人员双手外旋做转腕下压动作，抓握溺水者手腕后，放开左侧手臂，同时抓持溺水者右侧手臂，向自己的右侧方向拉转溺水者，使溺水者背部贴近救援人员前胸，有效控制溺水者后实施拖带。

② 交叉手被抓解脱法：以救援者右手在上为例，救援人员右手肘撞击溺水者左手腕，解脱左手，然后采用转腕的方法解脱右手，并顺势将溺水者向右面拉出，使溺水者背部贴近救援人员前胸，有效控制溺水者后实施拖带。

(4) 头发被抓。

救援人员在施救过程中头发被溺水者抓握时，可采用压腕掰指解脱法和压掌推肘解脱法进行解脱。

① 压腕掰指解脱法：以溺水者右手抓救援人员头发为例，救援人员用左手压住溺水者右手手腕，低头前顶，将右手插入并掰推溺水者右手手指，迫使溺水者右手松开。解脱后，用右手及时将溺水者转体至背部贴近救援人员前胸，有效控制溺水者后实施拖带。

② 压掌推肘解脱法：以溺水者右手抓救援人员头发为例，救援人员用右手压住溺水者右手手腕，低头前顶，用左手推击溺水者肘部（做反关节动作），使其右手松开。解脱后，用右手及时将溺水者转体至背部贴近救援人员前胸，有效控制溺水者后实施拖带。

(5) 颈部被抱持。

救援人员被溺水者抱住颈部时常用的解脱方法是压腕上推单肘解脱法（适用于背面被抱持）和上推双肘解脱法（适用于正面被抱持）。

① 压腕上推单肘解脱法：当溺水者从背面抱持救援人员颈部时应采用此方法。当救援人员颈部被背面抱持时，救援人员应紧收下颌，保护好呼吸道，防止呼吸道被卡住，同时分清溺水者哪只手在上。以溺水者左手在上为例，救援人员用左手紧压溺水者的右手手腕，用右手上推溺水者右肘部做反关节运动，侧身绕到溺水者背后同时用右手抓紧溺水者的右手肘部，有效控制溺水者后实施拖带。

② 上推双肘解脱法：当溺水者正面抱持救援人员颈部时应采用此方法。当救援人员颈部被溺水者正面抱持时，要及时紧收下颌，防止呼吸道被夹住。救援人员下沉，用双手上推溺水者的双肘关节，同时身体下蹲，以救援人员右手为例，将溺水者推转，用右手顺势抓握住溺水者的右手臂，使溺水者背部贴近救援人员前胸，有效控制溺水者后实施拖带。

（6）腰部被抱持。

当救援人员正面双臂肘部关节以下和躯干同时被溺水者抱持时，一般采用夹鼻推颌解脱法解脱；当救援人员背面双臂肘部关节以下和躯干同时被溺水者抱持时，一般采用弓身抽手掰指法解脱。

① 夹鼻推颌解脱法：当溺水者正面抱持救援人员双臂肘部关节以下和躯干时应采用此方法。以溺水者头部在救援人员右侧为例，救援人员低头分清溺水者的脸部朝向，弓身收腹含胸，臀部后顶，两臂内旋，抽出右侧手，并用食指、中指紧夹溺水者的鼻，用掌心盖住溺水者的嘴，用掌根托住溺水者的下颌，用力向前方推出，迫使溺水者头部后仰，另一手紧抱溺水者腰部，并用力向自己的方向压，迫使溺水者松开双手，之后及时将溺水者转体至背部贴近救援人员前胸，有效控制溺水者后实施拖带。

② 弓身抽手掰指法：当溺水者背面抱持救援人员双臂肘部关节以下和躯干时应采用此方法。救援人员应首先低头分清溺水者哪只手在上，以溺水者右手在上为例，应弓身收腹含胸，臀部后顶，两臂内旋，抽出右手压住溺水者手背，再抽出左手压在溺水者另一只手的手背上。先掰开溺水者右手手指，使之松开后用力向外展开，然后再掰开左手手指，松开后用力向外展开，使溺水者两臂呈上举状。救援人员下蹲，放开溺水者一只手，撤移至其背后，使溺水者背部贴近救援人员前胸，有效控制溺水者后实施拖带。

（7）双腿被抱持。

当救援人员双腿被溺水者抱持时，可采用夹鼻推颌解脱法进行解脱。救援人员先低头分清溺水者脸部的朝向，弓身收腿含胸，臀部后顶，用食指和中指紧夹溺水者的鼻，用掌心盖住溺水者的嘴，并用掌根托住溺水者的下颌，用力向前方推出，迫使溺水者头部后仰，用另一手紧抱溺水者背部，并用力向自己的方向压，迫使溺水者松开双手，之后及时将溺水者转体至背部贴近救援人员前胸，有效控制溺水者后实施拖带。

（8）双人抱持。

双人抱持解脱可采用夹胸蹬离解脱法和托腋蹬离解脱法。

① 夹胸蹬离解脱法：在解脱前，救援人员需认清抱持的两个人中谁是溺水者。救援人员一手由溺水者肩上经前胸插入溺水者另一侧腋下或夹胸，同时一脚紧贴被抱持人胸部，用柔力蹬离，以免被抱持人受伤。当二人的肩部松离时，再提起一脚（与夹胸手同侧）紧贴被抱持人胸部，将被抱持人蹬离解脱。

② 托腋蹬离解脱法：在解脱前，救援人员需认清抱持的两个人中谁是溺水者。救援人员将双手插入溺水者的两腋下，提起一脚紧贴被抱持人胸部，用柔力将被抱持人蹬离解脱。

7. 控制

控制是徒手游泳救援中最难、最危险的技术之一。控制就是防止溺水者的反抗行为，避免被溺水者搂抱、缠绕或下压，造成生命危险或救援失败，救援人员应始终保持在溺水者的身后，避免被正面搂抱或纠缠。

8. 拖带

拖带是水上救生返回岸边的重要环节之一，在没有运输工具的前提下，救援人员可选择符合自己能力和特长的方式进行拖带，拖带时应使溺水者的面部始终露出水面，避免呛水或发生二次溺水事故，将溺水者安全地带回岸边、船边或海滩。

常见的拖带方式有双手托腋式、单臂夹胸式、单（双）手托枕式、单（双）手托颌式、双人拖带式、单（双）人抓腕式等。

（1）双手托腋式。

双手托腋式是徒手游泳救援最常用的拖带方式，经常被水上救援培训班使用。采用双手托腋式拖带过程中，使溺水者身体呈仰漂姿势，始终保持面部朝上，口鼻露出水面，防止呛水和二次溺水。救援人员用反蛙泳技术将溺水者直接拖带至岸边（图3-6-8）。

（2）单臂夹胸式。

控制溺水者的手臂，提拉使其呈仰漂姿势，同时将溺水者肩部置于救援人员腋下夹紧，救援人员手臂沿其胸部抱住溺水者的侧胸肋部，固定后用侧泳携带技术拖带返回（图 3-6-9）。

图 3-6-8　双手托腋式

图 3-6-9　单臂夹胸式

（3）单（双）手托枕式。

控制溺水者后，让其在水中呈仰漂姿势，用单（双）手（掌心向内、虎口向上）托住溺水者头的枕叶部。使用单手托枕式（图 3-6-10）时，救援人员可用侧泳技术将溺水者拖带返回岸边；使用双手托枕式时，则用反蛙泳技术将溺水者直接拖带返回至岸边。

图 3-6-10　单手托枕式

图 3-6-11　单手托颌式

（4）单（双）手托颌式。

控制溺水者后，让其在水中呈仰漂姿势，用单（双）手托住溺水者下颌。用单手托颌式（图 3-6-11）时，救援人员可用侧泳技术将溺水者拖带返回至岸边；用双手托颌式时，则用反蛙泳技术将溺水者直接拖带返回至岸边。

（5）双人拖带式。

救援人员分别位于溺水者身体的两侧，用手握住溺水者的上臂，使溺水者呈仰漂姿势，用侧泳技术将其拖带至岸边。但是，在拖带过程中要随时注意观察溺水者，确保其面部保持在水面上，防止发生二次溺水事故（图3-6-12）。

图 3-6-12　双人拖带式　　　图 3-6-13　单人抓腕式

（6）单（双）人抓腕式。

抓腕式拖带，一般用于溺水者已丧失意识的情况。救援人员从正面或侧面接近溺水者后，分别抓住其手腕，用侧泳技术直接将其拖带至岸边。但是，在拖带过程中要随时注意观察溺水者，确保其面部始终保持在水面上，防止发生二次溺水事故（图3-6-13）。

9. 上岸

岸边控制与固定后，救援人员用双手抓住溺水者手腕，使其在水中转身至背对岸边，然后在水中沉浮几次，借助水的浮力，将溺水者提拉上岸。救援人员始终控制溺水者的双手，避免发生滑脱、提拉不及时和二次溺水事故。（图3-6-14、图3-6-15）

图 3-6-14　到岸控制　　　图 3-6-15　提拉上岸

10. 搬运

当溺水者被救上岸后，根据溺水者的情况（如清醒、昏迷和受伤程度），采取各种形式的搬运。可采取单人的肩背，以及双人或多人的抬扛、担架或急救板搬运等方法，将溺水者运送到通风、遮阳、平坦处安放，为后续进行现场急救做准备。

如果发现溺水者疑似有颈椎或腰椎损伤，如颈椎、脊椎受伤或骨折，不能用肩背、扛等动作，应先使用颈托或用手固定颈部，然后将其缓慢地移动到急救板上，再进行运送和搬运。尤其是对处于昏迷状态的溺水者或疑似颈椎受伤者，需要将溺水者固定在急救板上，防止在搬运中发生二次受伤或加重伤情。（图3-6-16）

图3-6-16　急救板搬运

急救板的操作方法：3~4人操作，一人首先固定溺水者颈部位置，锁住其肩膀，另一人托住其臀部和大腿，动作一致地将其平移到急救板上，然后用板上颈椎固定板固定其颈椎和头部，再用固定带将其躯干和腿部固定好，搬运到救护车上运送至医院，或运输到平坦的地面做进一步的现场急救处理。

第七节　桨板救援技术

桨板作为救援工具近年已广泛应用于江河湖泊和城市内涝等平静水域救援，并取得了一定的作用和良好的效果。

桨板是在冲浪板的基础上发展起来的一种新兴的水上救援器材，具备集冲浪、巡逻、竞速、健身、救援等于一体的综合功能，在板上可以采取躺、坐、跪、站等姿势，近年来，已广泛应用于休闲娱乐、人员转移和静水救援。

一、桨板救援概述

桨板被引入水上救援主要是因为其重量轻、搬运方便，可以作为单兵作战工具和救援器材。在静水救援中，桨板在运输物资、转移受灾群众时，可进入狭窄空间，替代橡皮艇、冲锋舟救援的功能，发挥重要作用，值得广泛推广。

桨板面宽、浮力大，稳定性好，不易侧翻；操作简单、安全、有效；可采用卧姿、跪姿和站姿划水，站姿用桨划水效果更好。桨板既可以充当救援人员自己的漂浮工具，又可以作为拖带溺水者的浮力工具，也可以作为舟艇救援的辅助器材。（图 3-7-1～图 3-7-4）

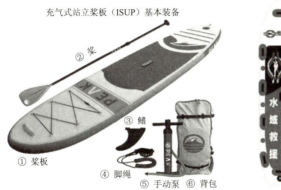

图 3-7-1　休闲桨板

图 3-7-2　桨板的正面、背面与侧面

图 3-7-3　救援桨板

图 3-7-4　桨

1. 桨板救援的特点

桨板重量轻、携带方便，适合搬运，容易控制平衡，适用于平静水域运输物资和转移受灾群众，可扩展到海滩水域、冰面救援，也可延伸其他功能。桨板以其灵活、便捷、安全、高效的特点，还可用于近海岸快速响应救援、开放水域监督和管控。

2. 桨板与桨

（1）桨板的外部结构：前有不锈钢 D 形环、安全绑绳、EVA 鳄鱼纹防滑垫、尼龙提手、EVA 菱形防滑垫、安全气塞；后有不锈钢 D 形环、鱼鳍插槽、大鱼鳍。

（2）桨的相关数据：桨的材质主要有铝合金、玻璃钢、半碳纤、全碳纤等材质。选用不可调节长度的桨时长度一般要比使用者高出 20~25 cm，也可选用能够调节长度的桨。桨杆厚度、桨叶材质、桨杆长度、桨叶尺寸、重量、节数见表 3-7-1。

表 3-7-1 桨的相关数据

材质	铝合金	玻璃钢	半碳纤	全碳纤
桨杆厚度/mm	1	1.4	1.4（50%碳纤+50%玻纤）	1.4（70%碳纤+30%玻纤）
桨杆长度/cm	165~210	180~220	180~220	180~220
桨叶材质	70%尼龙+30%玻纤	70%尼龙+30%玻纤	70%尼龙+30%玻纤	碳纤
桨叶尺寸	42 cm×20 cm	42 cm×20.5 cm	42 cm×20.5 cm	42 cm×20.5 cm
重量/g	900	850	850	850
节数	三节式可调节	三节式可调节	三节式可调节	三节式可调节

（3）桨板的特点：桨板操作简单、快速、安全、可靠、成本低；在静水救援中可替代橡皮艇的功能，浮力可达 200 N 以上，可承载 2~4 个人的重量，可作为近距离水域救援的运输工具。

二、桨板操作技术

桨板操作技术主要由上板、平衡、划桨和下板技术组成。用桨或用手均可以给桨板提供动力，划桨的姿势有站姿、跪姿、卧姿，具体应根据水域实际情况、天气因素和个人能力选择适合自己技术水平的姿势。

1. 握桨姿势

正确的握桨姿势，有助于更好地插桨、拉桨、提桨，充分发挥划桨的效果。

动作要领：以站姿划桨（图3-7-5）时，应将上手放在桨柄的上端，下手放在桨柄的大约上1/3处，以舒适的动作执桨，双臂微微弯曲。以跪姿划桨时，应将上手握在桨柄的上1/3处，下手握在舒适的位置，以不影响划桨效果为宜。

图3-7-5　站姿划桨

2. 卧姿上板

卧姿上板（图3-7-6）是桨板操作的基础技术之一。初学者首先应从卧姿上板开始练习，然后维持人在板上的平衡，达到一定的熟练度和稳定度之后，可以过渡到跪姿上板或站姿上板。

图3-7-6　卧姿上板

动作要领：系上脚绳，将桨平放在板上，上板前站立在桨板的侧面或尾部，双手压住板的两侧，稳定桨板后身体向前扑，俯卧在桨板上，调整身体与桨板的重心后，将桨放在胸前，用手划和控制方向，使桨板前进、转弯、变向或倒退，待身体平衡后，先呈跪姿再慢慢地站起来呈站姿。

3. 站姿上板

站姿上板（图3-7-7）需要一定的稳定性。因脚与桨板的接触面小，上板时控制不好身体与桨板的重心就容

图3-7-7　站姿上板

易侧翻或落水。

动作要领：在浅水区，水深达膝盖位置，保证鱼鳍不会刮擦水底时即可准备上板。上板前站立在板的侧面，一手扶住近身的板边，另一手跨过板面去抓住另一边的板边，用手维持桨板平衡，双脚从水中跳上桨板或支撑身体重心后，依次移动膝盖上板。上板后两脚移到板上的中部提手的两侧，然后调整身体姿势，呈站立式面向前方，以便划桨。

4. 划桨技术

划桨是为了给桨板提供动力，维持桨板在水中行驶（如直行、转弯、倒退、绕障碍、躲避风险），在海上进行冲浪、避浪、借浪，在急流中防止水流的吸入、卷入和倾覆、侧翻、落水等风险。划桨技术是桨板救援的关键性技术之一，需要反复练习、刻苦训练，达到人与桨板合一，充分发挥桨板的功能。

（1）跪姿划桨。

跪姿划桨（图3-7-8）重心低、容易维持人与桨板的平衡，初学者可以从跪姿开始，利用桨在水上划行，体验划桨的基本姿势和乐趣。

图3-7-8 跪姿划桨

动作要领：采用大腿坐在小腿上的跪坐姿势，体会桨板的平衡并放松身体，克服全身紧张、肌肉僵硬的缺点；也可大腿与小腿呈直角跪于板上，用桨划行，握桨位置稍前移，具体根据各人的身高与手长，选择适合自己的握法，进行跪姿划桨动作。

（2）站姿划桨。

站姿划桨（图3-7-9）是桨板划桨的主要技术，可以充分提高划桨速度，快速地操作桨板向前。

动作要领：选择自己舒适的姿势，将双脚放置在与肩同宽的位置分开站立，膝盖微微弯曲呈轻松的直立姿势，肩膀向后，眼睛向前看，保持身体的

图3-7-9 站姿划桨

平衡与稳定性。

（3）划行转弯。

水域划行中会遇到各种各样的环境，需要采取转向、躲避、绕行等各种方式改变或选择路线。划行转弯（图3-7-10）是一项基本技术，应该学习和掌握。

图3-7-10　划行转弯

动作要领：转弯有两个方向，向右或向左。向左侧转弯时，应先用桨在板左侧从后往前划（类似划行前进的反向动作），然后换手用桨从板右前侧向右后方划水，与桨板呈45°角，并向外侧划水，即可向左侧转弯；反之，即是向右侧转弯。

根据水流或海浪情况，划行转弯时可以随时站立、下蹲呈跪姿或趴在板上呈卧姿，确保始终与板保持平衡，避免落水或侧翻。

5. 站立式划行

站立式划行是桨板划行速度最快的技术，划水幅度大、效果好、速度快。尤其是在水流平缓、风浪较小的江河、水库、水塘，可以采取站立式划行。

动作要领（以右手握桨端为例）：右手握桨顶端把手，左手握桨柄。首先用桨面从板左前方挨着板身插入水中，使桨面完全没入水中，然后沿着板身向后划，最后在桨面过了自己的位置后把桨面从水中向左侧抬起。这是一个完整的划桨动作，动作呈"L"形或"J"形。在一侧进行了几次划桨动作之后，换手在另一侧进行同样的几次划桨动作，即可以保持桨板直线前进。

三、桨板救援的操作流程

桨板救援的操作流程为：持板跑动→放板入水→上板→控制平衡→划水→接近→控制→二次翻板救援→板上固定→拖带与返回→上岸与搬运。

1. 持板跑动

属于桨板救援的出发技术，可以用双手握住桨板的两侧或夹在腋下，快速地跑向救援目标附近的岸边、冰面、滩涂、急流和海滩边，为后继放板做好准备。

2. 放板入水

可以选择涉水进入浅水区，将桨板平放在水面，或者采取双手握板，身体向前上方跃起，与板一起落入水面。

3. 上板

（1）卧姿上板：救援人员双脚蹬地，双手抓住板的两侧，上体前俯，采用卧姿上板，然后调整位置，控制人与板的平衡。

（2）跪姿上板：救援人员双脚蹬地，双手抓住板的两侧，双膝跪撑在板的中心点上，然后调整位置，控制人与板的平衡。

（3）站姿上板：救援人员身体靠近桨板一侧，一脚先踏上板面，双手握桨支撑在地面上，平衡后，另一脚快速上板，然后调整位置，控制人与板的平衡。

4. 控制平衡

根据水面的波浪和水流，将身体调整到板的重心上，避免侧翻或倾覆，同时划水控制平衡（图3-7-11）。

图 3-7-11　控制平衡

图 3-7-12　跪姿划水

5. 划水

一般采取站姿划水或跪姿划水（图3-7-12），可以左右两边交叉划水，也可以一侧划两次，另一侧划一次，根据水流及时调整划水方式。

6. 接近

救援人员用桨快速划水接近被救者，离被救者还有2~3 m距离时，进行现场评估和观察被救者情况，并进行语言安慰和指导，使其克服恐惧心理，也可以直接靠近，让其抓住桨板的前半部扶手，协助其上板，然后控制平衡后，快速拖带被救者并返回。

若被救者意识清醒，有自主能力，体能状况较好，可以进行桨板间接救援。若被救者发生抽筋、劳累或失温等情况，需要快速救援。

7. 控制

当接近有意识的被救者时，救援人员可用桨或将手伸向救援目标，待其抓住桨或手后缓慢地将其拖带至板的一侧，然后使其借助板的浮力，在救援人员的帮助下爬上板。

8. 二次翻板救援

在被救者意识不清或昏迷的情况下，可采取二次翻板救援技术，将被救者放置上板并固定，采取卧姿用手划水的方式，拖带被救者返回岸边。（图 3-7-13、图 3-7-14）

图 3-7-13　二次翻板接近

图 3-7-14　二次翻板救援

动作要领：救援人员接近被救者身边时，首先自己主动翻板下水，用板底朝上的方式接近被救者，单（双）手控制溺水者，从被救者所在的另一侧爬上板，利用"杠杆原理"压板与被救者一起翻转，采取二次翻板救援技术施救；再将被救者转移至板上，将其身体放至合适的位置固定，并控制人与板的平衡；最后将其快速带回安全区，进行搬运、上岸或现场急救。

9. 板上固定

选择牵引、拖带或二次翻板救援技术上板后，将被救者固定在桨板重心位置，在板上对两人重心位置做微调，以防止受水流或风浪影响，避免发生二次落水或意外事故（图 3-7-15）。

图 3-7-15　摆放溺水者并固定

10. 拖带与返回

拖带与返回技术主要是利用桨板的浮力，使用卧姿、跪姿的方式，将被救者安全地运输到岸边。

（1）卧姿拖带与返回：将被救者固定在板上前部位置，救援人员要压住被救者的身体，防止二次落水或救援失败，采取卧姿双手划水技术返回到岸边或浅滩（图 3-7-16）。

图 3-7-16　卧姿拖带与返回　　　　图 3-7-17　跪姿返回与靠岸

（2）跪姿拖带与返回：将被救者固定在板上前部位置，救援人员与其保持身体与桨板的平衡，防止影响划桨姿势或二次落水，采取跪姿划桨技术返回到岸边或浅滩（图 3-7-17）。

11. 上岸与搬运

当桨板靠近岸边时，岸上人员迅速跑向桨板，协助救援人员用搀扶或抬扛等方式将被救者送往安全区域或现场急救站。

第八节　现场急救

现场急救是应急救援的重要环节之一，当被救者处于昏迷状态或无意识时，需要快速地做出判断，进行现场急救和处理。

一、现场急救的分类

1. 水中急救

红十字会与红新月会国际联合会《2011年国际急救与复苏指南》指出：在水中为溺水者实施心肺复苏可为其提供4.4倍的生存机会。溺水死亡的主要原因是溺水者无法得到氧气，因此争分夺秒地向其供氧是抢救溺水者的关键。

水中急救的注意事项如下：

（1）判断环境和自身能力，做好自我保护，不要盲目下水施救。

（2）高声呼救，启动应急医疗服务体系（EMSS），寻求帮助。

（3）入水后，救援人员应迅速接近溺水者，从其后面靠近，不要被慌乱挣扎中的溺水者抓住。

（4）从溺水者后面用双手托住其头部，两人均采用仰泳姿势，将其带至安全处。

（5）有条件的可以采用漂浮的脊柱板救护溺水者，必要时可进行人工呼吸。

2. 岸上急救

（1）将溺水者从水中救出，无须控水。对吸入水且意识清醒者，应尽快采取头低腹卧位，拍打其背部行体位引流。

（2）要迅速清除溺水者口鼻中的污水、污物、分泌物及其他异物，保持其气道通畅。

（3）对于意识丧失、呼吸心跳存在的溺水者，给予保暖，并将其置于稳定侧卧位，防止溺水者因舌后坠或有呕吐物造成呼吸道堵塞。

（4）对于有心跳、无呼吸的溺水者，应立即实施人工呼吸，常用的方法有口对口或口对鼻人工呼吸，其中口对口效果最好。如果在口对口人工呼吸时感到很大阻力，难以将空气吹入溺水者肺内，说明呼吸道不通畅，需要清除其口中的泥沙及杂草等异物，然后再实施吹气。

（5）对无意识、无呼吸、无心跳的溺水者，立即给予2次人工吹气，然后做胸外按压。即采用A—B—C方式进行心肺复苏，其中，A为打开气道，B为人工呼吸，C为胸外按压。在溺水者转运过程中，不应停止心肺复苏。复苏期间溺水者会发生呕吐，应注意防止呕吐物进入气道。

（6）对于体温过低者，根据情况给予复温。

（7）溺水者送医后应在监护病房观察24~48 h，以防发生急性呼吸窘迫综合征。

二、现场急救的原则

（1）使溺水者尽快脱离水域。

（2）先复苏，后固定。

（3）先止血，后包扎。

（4）先重伤，后轻伤；先救命，后治伤。

（5）先救治，后运送；急救与呼救并重。

（6）加强途中监护与救治。

三、现场急救的要求

（1）判断环境。首先要观察环境，在确保环境安全的基础上，实施急救。

（2）判断自身急救能力。制定与自身能力相匹配，又相对安全的急救措施，尽最大能力确保无意外发生。

（3）做好个人防护。下水施救应按要求穿上救生衣；处理伤口，要洗手，戴上手套等防护物品，防止双方交叉感染，确保自己和伤员安全。

（4）遵照"先救命，后治伤"的原则开展现场急救。现场伤员较多时，应根据伤情轻重缓急合理救护。

（5）协同急救。在急救现场，应尽量争取周围人群参与急救，发挥团队精神和协作精神，如拨打电话、取AED、维护现场、保管财物等。

（6）心理支持。发生溺水等意外时，溺水者常会出现情绪紊乱等，救援人员要关心、关注溺水者的情绪，做好倾听、安慰等心理支持。

四、现场急救项目及相关要求

创伤是常见的人体损害之一,现场救护时要求快速、正确、有效,以挽救伤员的生命,防止损伤加重,减轻伤员痛苦。

1. 止血

出血是指血管破裂导致血液流至血管外,按其出血部位分为外出血与内出血。严重创伤常引起大出血而危及生命,因此,在急救现场有效地为伤员实施止血非常重要。

止血常用的材料有无菌敷料、绷带、三角巾、创可贴、止血带,也可用毛巾、手绢、布料、衣物等代替。

(1) 直接压迫止血。直接压迫止血是指直接按压出血部位的止血方法。一般用于小动脉、静脉、毛细血管的出血,是最直接、最快速、最有效的止血方法。

(2) 加压包扎止血。在直接压迫止血的同时,可用绷带或三角巾加压包扎。

(3) 止血带止血。止血带主要用于四肢大血管出血,使用者应接受过专门的急救训练。注意事项为包扎后应松紧适度,不宜过紧,包扎后应检查伤肢末端血液循环,如伤肢末端出现麻木、发凉或青紫,说明包扎过紧,应重新包扎。

2. 包扎

常用的包扎材料有创口贴、尼龙网套、三角巾、绷带、弹力绷带、胶带及就便器材,如手帕、领带、毛巾、头巾、衣服等。下面重点介绍绷带和三角巾包扎。

(1) 绷带包扎。常用的包扎方法主要有环形包扎法、螺旋包扎法、"8"字包扎法、螺旋反折包扎法、回返包扎。

(2) 三角巾包扎。三角巾包扎适用于不同部位的包扎。使用三角巾时,注意边要固定,角要拉紧,中心伸展,敷料贴实,按需折叠。

(3) 包扎要求。

① 包扎动作要轻、准、快、牢,以免加重损伤或痛苦。

② 包扎前伤口上一定要加敷料。

③ 较大伤口不要用水冲洗(烧烫伤、化学伤、动物咬伤除外),不

要涂抹任何药物。

④ 避免在受伤部位和坐卧位时受压的部位打结。

⑤ 包扎松紧要适度，避免脱落和压迫局部，造成局部神经、血管和肌肉损伤。

⑥ 四肢伤应尽量暴露末端，以便随时观察血液循环情况；如果伤肢末端出现麻木、发凉或青紫，说明包扎过紧，应重新包扎。

⑦ 包扎时尽可能做好自我防护，戴医用手套；如必须用裸露的手处理伤口，在处理完成后，用肥皂彻底清洗双手。

3. 骨折固定

骨头由于受直接外力、间接外力、积累性劳损等，其完整性和连续性发生改变，称为骨折。主要表现有受伤局部突然疼痛、肿胀或瘀斑、功能障碍、畸形等。如果伤及血管、神经，可出现骨折远端动脉搏动消失，感觉丧失。

（1）上臂（肱骨）骨折——躯干固定法。

① 伤肢屈肘位，用大悬臂带悬吊伤肢。

② 伤肢与躯干间加衬垫，用三角巾折叠成适当宽度（上至肩，下至肘）的条带，将伤肢固定于躯干。

③ 指端露出，检查末梢血液循环。

（2）前臂（尺骨、桡骨）骨折——夹板固定。

① 伤肢屈肘位，固定部位加衬垫。

② 取两块夹板，一块置于前臂外侧，一块置于前臂内侧，长度从肘到手掌。

③ 用条带分别固定骨折近心端和远心端。

④ 大悬臂带悬吊伤肢。

⑤ 指端露出，检查末梢血液循环。

⑥ 若只有一块夹板，有两种放置方式：伤员掌心朝内则将夹板置于前臂外侧固定，伤员掌心朝下则置于前臂下方固定。

（3）大腿（股骨）骨折——夹板固定。

① 脱去伤员鞋袜，检查末梢血液循环，三角巾折叠成七条约 10 cm 宽的条带。

② 三条自伤员腰下穿入，分别放于腋下、腰部和髋部；三条自伤员膝关节下方穿入，分别放于骨折近心端、远心端和小腿处；第七条自伤员踝关节下方穿入，放于踝关节。

③ 取两块夹板，一块夹板从伤侧腋下到外踝，一块从大腿根部到内踝，夹板与躯干、肢体之间加垫。

④ 固定条带，先固定骨折近心端和远心端，再依次固定腋下、腰部、髋部、小腿和踝部，条带在外侧夹板处打结。

⑤ 踝部用"8"字法固定。

⑥ 趾端露出，检查末梢血液循环。

⑦ 如只有一块夹板则放于伤肢外侧，夹板长度从腋下到外踝，内侧夹板用健肢代替，固定方法同上。

（4）小腿（胫骨、腓骨）骨折——健肢固定。

① 脱去伤员鞋袜，检查末梢血液循环，三角巾折叠成四条约 10 cm 宽的条带。

② 两条条带自伤员健侧肢体膝关节下方穿入，分别放于大腿和骨折近心端。两条条带自伤员踝关节下方穿入，分别放于骨折远心端和踝关节。

③ 两腿之间加衬垫，先固定骨折近心端和远心端，再依次固定大腿和踝关节，条带在健侧肢体外侧打结。

④ 踝关节用"8"字法固定。

⑤ 趾端露出，检查末梢血液循环。

（5）关节脱位与扭伤。

① 取舒适体位，扶伤员坐下或躺下。

② 不要随意搬动或揉搓受伤部位，以免加重损伤。

③ 用毛巾浸冷水冷敷肿胀处 20 分钟左右，以减轻肿胀和疼痛。

④ 在受伤部位用厚衬垫包裹并适当加压包扎，以减少出血、减轻肿胀。

⑤ 扭伤严重者按骨折固定的方法固定伤处。

⑥ 条件允许的情况下抬高伤肢，以缓解肿胀。

⑦ 检查末梢血液循环，必要时及时就医。

关节脱位与扭伤的处理遵循 RICE 原则。

R——Rest（休息），立即停止活动，让受伤部位静止，减少进一步损伤。

I——Ice（冷敷），冷敷在损伤的初期非常关键，能够缓解疼痛，抑制肿胀。

C——Compression（加压），加压包扎固定，适当加压可以起到加压止血的作用，以减轻肿胀。

E——Elevation（抬高），抬高伤肢，有利于缓解肿胀。

4. 搬运

一般情况下，如果现场环境安全，救护伤员应尽量在现场进行。因环境不安全，或受条件限制无法施救，才搬运伤员。

（1）目的。

① 使伤员尽快脱离危险区。

② 改变伤员所处环境以利于抢救。

③ 将伤员安全转送至医院做进一步治疗。

（2）原则。

① 搬运应有利于伤员的安全和进一步救治。

② 搬运前应做好必要的处理，如止血、包扎和固定。

③ 应根据伤员情况和现场条件选择适当的搬运方法，切勿勉强搬运伤员。

④ 搬运护送中应保证伤员安全，防止发生二次损伤。

⑤ 注意观察伤员的伤病变化，及时采取急救措施。

（3）搬运方法。

常用的搬运方法有徒手搬运和使用器械搬运。应根据伤员伤情和转运路程选择适当的搬运方法。

① 徒手搬运：适用于伤病较轻、无骨折、转运路程较短的伤员。主要有扶行法、背负法、抱持法、拉车式、椅托式等。

② 器械搬运：适用于伤病较重，不宜徒手搬运，且转运路程较长的伤员。一般情况下，对肢体骨折或怀疑脊柱受伤的伤员都需要使用器械搬运。

（4）脊柱损伤伤员的固定搬运。

凡疑有脊柱损伤的伤员，均应按脊柱骨折进行急救和搬运。非专业人员没有经过严格的培训，不主张移动伤员，应等待专业医护人员进行处理；必须移动时，按脊柱损伤固定和搬运操作规范执行。

（5）固定程序。

① 确保环境安全，救护员做好自我防护，嘱咐伤员禁止活动头及颈部，听从救护员指挥。

② 伤员仰卧位，迅速启动应急医疗服务体系。

③ 救护员检查伤员颈椎，将一手掌心向上插入伤员颈下，自下而上压迫颈椎棘突，检查颈椎是否损伤；查看原本悬空的颈部是否塌在地面上、颈部皮下有无淤血。

④ 嘱咐伤员活动手指、脚趾，确定有无脊椎损伤。如果有，按以下搬运程序操作。

（6）搬运程序。

① 四名救护员分别位于脊柱板前后两侧，尽量靠近伤员，采用单膝跪地的姿势，靠近脊柱板一侧膝关节屈曲，腰背部挺直。随时观察伤员的生命体征。

② 内侧手抓牢脊柱板，由一名救护员指挥，协同用力，先将脊柱板放在各自内侧大腿上，然后协同用力站起，缓慢前行。

5. 心肺复苏（CPR）

心搏骤停是指因各种原因造成的心脏有效泵血功能突然丧失，导致血液循环停止，全身各个脏器的血液供应中断，如不及时恢复心脏起搏，可发生临床死亡。呼吸骤停是指各种原因导致的呼吸停止，继而心脏停搏。

心肺复苏（Cardiopulmonary Resuscitation，CPR）是针对心跳、呼吸骤停的患者所采取的紧急抢救措施。即通过徒手、应用辅助设备及药物来维持人工循环、呼吸和纠正心律失常。

（1）心肺复苏的主要技术。

心肺复苏包括胸外按压（C：Compression）、开放气道（A：Airway）和人工呼吸（B：Breathing）三项技术，其顺序通常为"C—A—B"或

"A—B—C";对溺水者的施救顺序为"A—B—C"。

（2）高质量心肺复苏的标准。

① 按压频率：100~120次/分。

② 按压深度：成人5~6 cm；儿童至少为胸廓前后径的1/3（约5 cm）；婴儿至少为胸廓前后径的1/3（约4 cm）。

③ 每次按压后让胸廓完全恢复原状。

④ 尽量避免胸外按压的中断。

⑤ 避免过度充气。

（3）操作流程。

按照30：2的胸外按压和人工呼吸比例，两分钟5个循环一组，直至出现有呼吸或有心跳，方可停止急救；或者等到急救中心医生赶到，移交给他们处理，方可停止心肺复苏操作。

① 观察环境：施救者要快速观察周围环境，判断是否存在潜在危险，并采取相应的自身和溺水者安全保护与防护措施。

② 判断意识：施救者用双手轻拍溺水者的双肩，俯身在其两侧耳边高声呼唤，如果溺水者无反应，可判断为无意识。

③ 检查呼吸：检查呼吸时，溺水者如果为俯卧位，应先将其翻转为仰卧位。用"听、看、感觉"的方法检查呼吸，判断时限约10秒。如果溺水者无呼吸（或叹息样呼吸），提示发生了心搏骤停。

④ 呼救及取AED：如果溺水者无反应、无呼吸（或叹息样呼吸），应立即向周围人求助，拨打急救电话，并就近取来AED。如果现场仅有一名施救者且无手机可以使用，在进行1分钟心肺复苏后，施救者应暂时离开溺水者去拨打急救电话，并就近取来AED。

⑤ 清除口腔异物：施救者跪在溺水者一侧，将双手放在溺水者面颊两侧，用双手拇指压住下颌，将溺水者口腔打开，俯身观察口腔内有无异物。如有异物，施救者双手置于溺水者头部两侧，将头轻轻转向施救者，施救者用靠近溺水者脚侧手的拇指伸进溺水者口腔压住舌头，其余四指握拳放在下颌处，轻轻提拉溺水者的下颌骨打开口腔，另一只手的食指（若患者为婴儿则用小指）从溺水者口角上方进入口腔取出异物，再用双手将溺水者头部复位。如果溺水者有活动义齿应取下，以防止脱

落阻滞气道。如无异物，直接打开溺水者气道。

⑥开放气道：当溺水者无颈椎损伤时，采用仰头举颏法开放气道。施救者跪在溺水者一侧，将一只手放在溺水者前额，用手掌小鱼际（小手指侧掌缘）用力向下压额头使头后仰，另一只手的食指和中指并拢放在下颏处，使下颌骨向上抬起。切勿按压颈部或下颏下面的柔软部分，避免造成气道堵塞（如果怀疑头部或颈椎损伤，则采用托颌法开放气道）。

⑦人工呼吸：开放气道的同时，施救者用放在前额的手的拇指和食指捏住溺水者鼻翼，把溺水者的口（口鼻）完全包住，呈密封状，向溺水者口（口鼻）中吹气2次，每次吹气应持续约1秒，同时观察溺水者胸廓是否隆起，吹气后松开鼻翼。

⑧胸外心脏按压：施救者首先暴露溺水者胸部，将一只手掌根部紧贴患者胸部正中、两乳头连线水平（胸骨下半部），双手十指相扣，掌根重叠，掌心翘起，双上肢伸直，上半身前倾，以髋关节为轴，用上半身的力量垂直向下按压，确保每次按压的方向与溺水者胸骨垂直，按压与放松比大致相等。按压深度为 5~6 cm，按压频率为 100~120 次/分，保证每次按压后胸廓完全回复原状。

⑨AED除颤：快速擦干溺水者胸部，按照要求粘贴电极片。施救者根据语音提示，得到AED除颤指示，并且确保所有人员都远离溺水者后，按下"电击"按钮进行除颤。

（4）心肺复苏有效指征。

①患者面部、口唇和甲床等颜色由苍白或青紫转为红润。

②患者恢复心搏。

③患者恢复自主呼吸。

④患者出现反应，如瞳孔由大变小、眼球活动、手脚活动、开始呻吟等。

（5）终止心肺复苏的条件。

①患者出现心肺复苏有效指征。

②有专业急救人员接替抢救。

③现场救护环境危险需要转移。

(6) 小结。

① 快速识别。通过快速识别做出迅速评估，积极开展抢救，防止溺水者因呼吸或循环停止造成心肺、脑功能损伤。

② 维持气道通畅。

③ 进行呼吸支持及胸外按压。对呼吸停止的溺水者应迅速进行呼吸支持、对心搏骤停者应使用胸外按压方法形成暂时的人工循环，直至溺水者恢复心脏自主搏动。

④ 现场心肺复苏操作流程如图 3-8-1 所示。

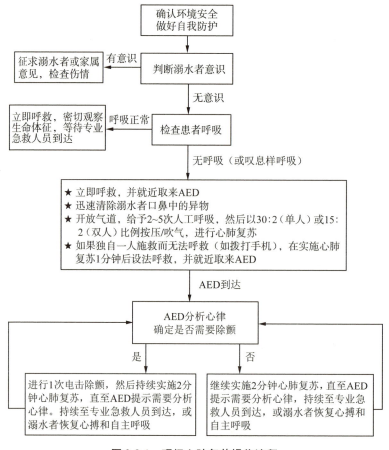

图 3-8-1 现场心肺复苏操作流程

6. 自动体外除颤器（AED）

自动体外除颤器（Automated External Defibrillator，AED）能够自动

识别患者是否为可复律的心律失常。如果是，AED 会自动充电，提示施救者按下电击键（半自动 AED），并在极短时间内发放大量电流经过心脏，以终止心脏所有不规则不协调的活动，使心脏电流自我正常化。如果患者不适合或无须除颤，AED 则不会放电，同时提示施救者。AED 便于携带，操作简单，非专业医务人员经过培训后也可以安全使用。

水是良好的导电体，因此在水中不能使用 AED。需将溺水者救上岸，擦干胸部水迹后，才能使用 AED。AED 操作步骤如下：

① 开启 AED：按下电源开关或打开 AED 盖子（有些 AED 打开盖子自动开机），依据语音提示操作。

② 粘贴电极片：撕去电极片上的贴膜，擦干溺水者胸背部的水，根据成人、儿童、婴儿的不同粘贴方法，将电极片紧密粘贴在溺水者胸部。对于成人，一片贴在溺水者裸露胸部的右上方（胸骨右缘，锁骨之下），另一片贴在溺水者左乳头外侧（左腋前线之后第五肋间处）；对于婴儿，一片贴在胸前正中，另一片贴在背后左肩胛处；对于体格较小的儿童，电极片的粘贴部位与婴儿相同；对于体格较大的儿童，电极片的粘贴部位与成人相同。

③ 插入插头：仅用于半自动 AED。将电极片插头插入 AED 主机插孔。

④ AED 分析心律：AED 通过分析溺水者心律以确定是否需要除颤。此时，施救者应大声呼喊"请不要接触患者"，提示大家远离溺水者，并暂停心肺复苏。

⑤ 电击除颤：如果 AED 建议除颤，所有人需要远离溺水者，同时告诉附近的其他人不要接触溺水者身体，当语音提示"除颤"时，按下"电击"按钮放电（半自动 AED）或 AED 自动放电除颤。电击除颤后，立即继续心肺复苏。2 分钟后 AED 会再次自动分析心律，确定是否需要除颤。

⑥ AED 使用注意事项。

第一，AED 到达现场后应立即使用。

第二，应在没有水的区域使用 AED，避免将溺水者和 AED 浸在水中使用。

第三，贴电极片前需要用毛巾擦干溺水者胸前的水。

第四，如果溺水者有胸毛，可用剃刀刮除胸毛或用电极片粘除，避免接触不良。

第五，分析心律和进行除颤前一定让周围人不要触碰溺水者和 AED。

第六，除颤后立即进行心肺复苏，直到 AED 再次分析心律。

思考题

1. 静水救援的定义是什么？
2. 救生游泳与求生游泳的区别是什么？
3. 徒手游泳救援常见的入水技术主要有哪些？
4. 如何接近与控制溺水者？
5. 最常用的拖带技术是什么？
6. 常见的解脱方法有哪些？
7. 简述徒手游泳救援的流程。
8. 简述止血、包扎、骨折固定的原则和注意事项。
9. 颈椎受伤搬运应注意什么？
10. 简述成人溺水者心肺复苏实施步骤。

第四章
急流救援

◇ **本章学习目标**

了解急流救援的场景、特征与风险，学会正确选择急流救援方法；掌握急流游泳救援、急流浅滩涉水横渡救援、急流活饵救援、急流舟艇救援、沸腾线救援、绳索救援等急流救援的相关技术及救援方式；熟悉城市内涝救援的基本原则、救援流程和具体行动及洪涝灾害的预防措施。

第一节 急流救援概述

急流救援最大的风险是水流变化多、水下和水面情况复杂，尤其是遇到持续的强降雨、暴雨、洪水，原来的水域环境会发生各种突发情况，出现多种综合的水流、城市内涝、泥石流或塌方现象，致使救援出现许多不可预知的风险和各种危险状况。

一、急流救援简介

急流救援是指在流速超过 0.51 m/s，且深度超过 0.60 m 的水域进行的救援行动，主要是针对漂流、洪涝灾害、城市内涝、涉水的体育赛事的救援行为，特别是针对因水流速度加快、流量增加、河道改变所导致的房屋倒塌、人员被困等情形的洪涝灾害和城市内涝救援。

急流救援首先必须熟悉不同的水流形状，了解水流的风险，认识其规律和救援方法。遇到危险的水流时，救援重点是脱离危险区，难点是装备与器材配备、技能选择。急流救援不限制水面宽度和深度，只要配备了常用的救援装备与器材，就可以实施救援，确保被困者和受灾群众的脱困和转移。

急流水流危险等级可分为Ⅰ～Ⅵ级，水流的变化越大、流量越大、流速越快，危险等级就越高。如果河道水下环境复杂，产生漩涡流、翻滚流、沸腾线等危险水流，就会造成救援困难和溺水死亡等问题。对于不熟悉的水域环境，应评估确认安全后，方可下水救援，以免河道中的暗礁、石头或其他障碍物伤害救援人员，发生意外事故。

急流救援时必须穿戴专业救生衣、其他情况所需的救援服装（如湿式或干式防寒服）、头盔、防滑手套、救援鞋（靴）和绳包，以便拖带时节省体力、脱困和自救，确保救援人员自身安全。无安全装备者禁止参与入水救援和舟艇救援，仅可参与岸上救援和协助解救被困者或溺水者相关工作。

二、急流救援的风险管控

水流变化是一个动态过程，随着突如其来的气候因素（如台风或暴雨等灾害性天气）、洪水、泥石流及地质环境变化，同一个河流中水流的等级也会发生变化。水流危险等级是按Ⅰ～Ⅵ级逐渐递增的，救援前必须在岸上进行现场评估与判断，然后选择安全方式实施救援。

（1）急流救援个人安全原则：要求救援人员在救援行动中必须穿戴专业救生衣等装备，携带必要的救援装备和器材，选择简单、安全、快速的救援方法。

（2）救援人员首先要确保自身安全，避免"舍己救人"的悲剧发生。

（3）制订救援计划要设立安全预案。在下游要设置多道、多重预案，一旦在上、中游救援失败，被救者被冲往下游，要在下游再做救援，以多道防线、层层保护与救援来提高救援成功率。

（4）被急流冲走或在急流中游泳时，应做好保护措施，借助专业救生衣的浮力，用确保式、防卫式和攻击式游泳躲避危险，尤其是防止头部受伤或手脚被卡在礁石缝或树桩等物体中，造成骨折、被困或溺亡事故。

（5）采用岸上活饵游泳救援时，从上游入水，采取与对岸或水流呈

45°角的攻击式游泳技术接近目标，千万不能把绳索捆绑在身上，以免遭遇水流冲击无法逃脱，导致窒息时间过长，发生溺亡事故。通过 IRB 活饵游泳救援时，舟艇一般选择由下游往上游驾驶，逆流而上，借助救援绳索做活饵救援。

（6）利用绳索横渡或救援时，应在两岸之间设置锚点，横渡架设绳索与水流方向呈 45°角，严禁与水流方向呈 90°角，以免水流的冲击受力面太大，而造成救援人员无法脱困、绳索架设崩溃等情况。横渡架设绳索时救援人员应站在绳索的上游，千万不要站立到绳索的下游，以避免绳索断裂而击打到救援人员，造成伤害事故。

（7）溪流温度通常低于一般自来水温度，在中高海拔山区，水温甚至可能较气温低 4~8 ℃，低温容易使人疲劳、判断力降低，甚至失温，加上水的流动更是会使体温迅速降低，浸泡在冷水中过久，会导致人体温度迅速流失，引发生命危险。研究发现，静水中体温散失速度是空气中的 25 倍，但在时速 8 km/h 的流水中，体温散失速度是空气中的 250 倍，因此在低温或寒冷水域救援时，必须特别注意保温，防止失温现象发生。

三、河流的分段

根据"五段法"，河流可分为发源地、上游、中游、下游和终端口。

（1）发源地：指最初引发地表水喷发或出现河流的地方，也是整个河道流域海拔最高的地方，一般可为溪、泉、冰川、沼泽或湖泊等。

（2）上游：指河流发源地的河段，常穿行于深山峡谷之中，河道狭窄，通常呈"V"字形。河床上宽、下窄，底部多为基岩，导致河道水流速度快、流量大，表现为急流、瀑布，受季节、降雨量、气候变化的影响，水位变化幅度大。

（3）中游：指介于上游与下游之间的河段，一般河道较宽，呈"U"字形，河床底部多为礁石、粗沙，导致流速减慢，水位变化幅度小。

（4）下游：指介于中游与终端口之间的河段，河道宽广，呈"一"字形，河床底部多为细沙或淤泥，导致流速缓慢，经多年流经与堆积变成浅滩或沙洲，水位变化幅度小。

（5）终端口：指河流的出口、流入的终点。通常河流的接收水体可以是海洋、湖泊、沼泽或上一级河流（更大的河流）。

四、水流的特征

急流是水流的一种表现形式，通过识别水流形态可以知道急流的风险程度和危险性，选择如何预防、突破与避免风险。

在不同的水道宽窄度、河床平坦度、落差高度下，水流的速度和流量是完全不同的，它是一个动态的变量。随着流量、流速和环境不同，水流会产生不同的现象。受河床底部暗礁、巨石、岔道、暗流、深潭或溶洞的影响，水流会有不同形态的表现，如叠加流、漩涡流、覆盖流、翻滚流、沸腾线等危险性水流。

1. 水流速度

由于地心引力的作用，水总是由高处向低处流动，水流速度（简称"流速"）是由水面落差引发的，是水在单位时间内移动的距离。

（1）流速计算公式为 $v=Q/S$（S 为截面面积，Q 为流量）。

（2）现场测试方式为在起点（A 点）抛入一个漂浮物，然后观察该漂浮物到达终点（B 点）的时间和距离，即可测出流速。

（3）观察地形也可以预测流速变化。在河道开阔、水下平坦、高低落差明显、水位较深和流量大的地区，流速通常较快；反之，在河道弯曲多，水位较浅，河床杂草丛生、石块等障碍物分布复杂的地区，则流速较缓慢。河流内湾处流速比外湾处缓慢，河流中心区域流速最高，近岸区域流速最低。

2. 流量

流量是指单位时间内通过某一断面的液体体积量，与长度没有关系。流量的计算公式为 $Q=Sv$，单位为 m^3/s，即单位时间内流过某一断面的水的体积。

3. 流速与流量的换算关系

流量与河道平均深度、平均宽度和流速分别成正比。

（1）流量和流速的换算关系为 $Q=Sv$。

（2）顺水速度=静水速度+水流速度，逆水速度=静水速度-水流速度。

由此可见，河道的平均深度与平均宽度不变，但水流速度改变时，会直接影响水流的流量。随着流速、流量变化值的增大，急流救援的危险性和难度也会随之增大，明白了这个道理，我们就可以防患于未然，在不断变化的水流中，找到安全的预防措施和救援方式。

五、急流等级与风险划分

按照国际通行的水域分级方式，急流可分为六个等级，每个等级根据流速、河道障碍物等水流风险和复杂情况加以划分，具体参见表4-1-1。

表4-1-1　急流等级与风险等级对照

急流等级	流速/($m \cdot s^{-1}$)	水流表现	风险等级
Ⅰ级	0.51~1	地势比较平坦，水流较慢，河道水流状态平衡，水域环境安全	低风险
Ⅱ级	2~5	流量较大，水质清晰，水流平衡，速度较快，并伴有中等的波浪，能见度好	低风险~中风险
Ⅲ级	6~10	水流速度快，流量大，水中有大波浪、障碍物和漩涡等危险	低风险~中风险
Ⅳ级	11~15	水流变化大，速度快，水域有障碍物和漩涡等危险水流	高风险
Ⅴ级	16~20	水流湍急、凶险，流速快，流量大，水域处于高风险	高风险~极高风险
Ⅵ级	>20	属于极端危险水域，水中有很多障碍物、大波浪和险恶涡流	极高风险

六、水流的危险性

水上救援时，若河道宽阔、水下平坦、水流缓慢，则救援风险低，可以采取游泳、舟艇救援；若河道落差大、水域环境复杂、水流变化大、水流速度快等，水面会出现各种形状和隐藏巨大风险的水流，要防止水下有暗流、暗礁、深潭、溶洞或各种障碍物。强大的水流会产生翻滚流、漩涡流、叠加流或沸腾线等，一旦被卷入或吸入，若无法及时脱离，就会造成缺氧后窒息死亡。由此可见，参与水上救援时应小心谨慎，规避各种危险水流。

（1）水流经过山地、河道落差大或河道由宽变窄等地形时，会出现水流速度加快和流量增加的情况。

（2）水流经过水下有排列不均的暗礁、巨石或深坑的河道时，会造成不同的危险性水流，在急流中漂流、横渡、游泳，存在巨大风险。

（3）遭遇台风、暴雨、洪水时，河道的环境会发生变化，会出现翻滚流、漩涡流、下拉流、沸腾线等危险性巨大的水流，给救援造成风险与困难，甚至危及人的生命。

（4）Ⅰ级流：水流中有小水波和很少的障碍物，急流救援可以选择涉水、入水游泳救援，救援风险低。

（5）Ⅱ级流：在宽敞的河道中，水流中偶尔混杂着岩石和泥沙，急流救援可以选择游泳或橡皮艇救援。救援风险为低风险至中风险。

（6）Ⅲ级流：在狭窄的河道或大的溪流区操控舟艇或游泳时，遇到大的波浪或障碍物会发生危险，急流救援尽量选择舟艇团队救援，以确保安全和救援成功率。救援风险为中风险。

（7）Ⅳ级流：遇到波浪、紧缩的河道、漩涡、逆流回旋等情况时，游泳者难以躲避、自救和逃生，急流救援应以舟艇或绳索团队救援为主。救援风险为高风险。

（8）Ⅴ级流：水中障碍物多，水流湍急，且有很多险恶涡流，急流救援原则上以岸上、舟艇和绳索救援相结合为主，禁止入水游泳救援。救援风险为高风险至极高风险。

（9）Ⅵ级流：水流湍急，流量巨大，流速极快，且有很多险恶涡流；救援风险极高；水流等级超过Ⅵ级要学会放弃救援，等待更好的救援时机，或选择其他方法和途径。

七、急流救援方法的选择

急流救援方法视水流、河道宽度、被救者的情况而定，重点突出团队救援和相互协作，可选择绳包、涉水横渡、游泳、活饵、舟艇、横渡架设、锚点固定和高空垂降等救援方法。救援人员必须掌握个人救援技术并具备团队合作精神，确保自身安全和救援成功率。

（1）岸上救援是所有救援的首选方式。当救援距离在 20 m 以内时，绳包是救援的首选器材，采用抛投绳包的方式快速救援，以达到"简单、安全、快速、有效"的目的。

（2）当救援距离大于 25 m 时，岸上救援困难较大，若遇到被救者体力不支，失去个人自主行为能力的情况，则应考虑涉水、游泳或舟艇救援。

（3）当救援距离大于 50 m 时，以舟艇救援为主，采取橡皮艇与绳索结合救援，必要时用抛绳枪架设绳索。

（4）当救援距离大于 75 m 时，考虑采用机械动力艇救援，快速地接近被困者或溺水者，实现快速救援。

（5）当遇到舟艇救援风险高的水流或舟艇无法靠近时，可以选择从岸上或艇上出发的活饵救援方式，降低救援风险，效果更佳。

第二节　急流救援基础知识

急流救援基础知识主要涉及方向与位置辨认，团队救援分工与职责，水流分类与危险性识别等。

一、方向与位置辨认

急流救援主要是面对上游、中游和下游环境，救援人员所处的位置一般为中游，水流流向的方向是下游，背对的方向是上游。人员面对下游时左手边为左岸，右手边为右岸；人员面对上游时左手边为右岸，右手边为左岸。（图 4-2-1）

图 4-2-1　水域救援方向与位置

二、团队救援分工与职责

根据河道位置和救援任务,团队救援可以按照上游、中游(救援现场)和下游位置来进行分工与协作,这样可以提高救援成功率。

1. 救援团队人员组成

救援团队由指挥员、救援人员、安全员、上游观察员等岗位组成(图4-2-2),人员数量一般不应少于11人。

图4-2-2 急流救援团队人员组成及分布

2. 人员安排与职责

(1)上游位置:按照团队救援的位置分布,在上游距救援位置约100 m处设置观察员1~2人,负责瞭望和观察,发现险情,及时发出预警信号,报告上游水流和漂浮物情况,与救援现场及时沟通与交流。必要时担任警戒工作,并封锁河道,防止上游水面障碍物影响救援任务。

(2)中游位置:是实施救援的关键场所,一般设置指挥员1人,负责统筹分派任务,指挥现场救援行动,负责救援人员安全,监督救援工作和对外联系;配置救援人员3~5人,他们必须受过专业的急流救援训练,技术与经验值得信任,可执行各项急流救援任务。若采取游泳救援,要求从上游出发,面朝对岸上游45°角方向,利用水流推力游泳前进到对岸或逐渐接近被救者,实施个人或团队救援行动。IRB救援一般从下游逆流而行，向上游或被救者靠近，参与救援行动。安全员一般担任事务性工作，同时支援其他人员与任务，岸上协助人员主要负责事务性工作和后勤保障工作，协助支援救援小组或替补其他人员。

（3）下游位置：是确保安全和保障救援的最后一道屏障，应设置拦截人员2~5人，一般处于下游100 m处，主要负责下游警戒救援。若第一次救援失败，下游人员可使用IRB救援或手持抛绳包待命。

3. 团队救援岗位与分工

急流救援应根据河道和水流区域进行人员配置、分工，并明确各区域人员应承担的职责和任务。急流救援岗位、人数与分工示例见表4-2-1。

表4-2-1　急流救援岗位、人数与分工示例

岗位	人数	分工与职责
上游观察员	1~2	负责监测事故水域上游漂浮物、来往船只、洪峰状态及其他影响救援行动安全的水面情况，判断突发险情，及时、准确发出信号，并向指挥员报告
指挥员	1	负责指挥救援行动和对外联络，统筹分派任务，现场指挥并确保救援人员安全
救援人员	3~5	负责对救援现场遇险和被困人员实施救生、救助行动
安全员	1	负责对救援现场进行实时监测，落实救援行动的安全保障，检查救援人员的安全防护装备和措施；密切注意现场救援人员的情况，及时向指挥员报告并提出建议与意见
岸上协助人员	3~5	负责救援人员入水监控、上岸协助、绳索架设，对突发险情及时给予帮助
下游拦截员	2~5	负责在下游预先采取措施，做好准备，拦截救援落水下漂的救援人员或遇险和被困人员

三、水流分类与危险性识别

根据水流的形状可将水流划分为平缓水流、湍急水流、翻滚水流、奔腾水流和吸附性水流。认识水流的形状、形成的原因和危险程度，对急流救援会有很大帮助。

急流在河道中流动时不是单一的水流形式,根据流经河道的弯直程度、宽窄状况,河床底部的凹凸情形等,不同的位置会出现不同形态的水流。例如,水流流经一座桥墩时,其前面的水流是叠加流(俗称皱眉流),侧面是下拉流或漩涡流,后面则是洄流区。认知和识别水流形态,在救援中则可以区别对待,确保救援的安全性。

1. 白色水域

(1) 定义:白色水域(图4-2-3)形成的原因是由于河道较浅,水流在河道中与障碍物碰撞后,产生白色气泡。通常白色气泡的含氧量很低,仅为60%,俗称白浪。

图4-2-3 白色水域

(2) 危险性:白色水域主要出现在河道的不规则浅滩,属于安全水域,但因水流太浅,容易发生撞伤、擦伤、螺旋桨操作失误等意外事故和伤害,不适合进行急流游泳、平跳式入水和驾驶机械动力艇等操作。

(3) 预防与救援措施:禁止跳水、操作机械动力艇,建议选择水位较深的水域开展救援。可以选择涉水横渡方式,使用单人、双人和多人徒手涉水横渡救援、绳索架设下橡皮艇横渡救援。

2. 覆盖流

(1) 定义:河道由宽急速变窄,主水流被推向底部,支流被强压至河道边际撞击后弹回来,并覆盖主水流所形成的急流,即覆盖流(图4-2-4)。

图 4-2-4　覆盖流

（2）危险性：覆盖流会造成水流向下压迫，两股水流交汇形成拉力，将人体拉回水流下，面向岩壁碰撞，但危险性不大。

（3）预防与救援措施：遇见覆盖流时，身体可以横躺在水面，利用救生衣的浮力，选择脚朝下游、头朝上游、身体漂浮在水面的急流游泳的确保式（仰漂游泳姿势）。遇到礁石等障碍物或漂流物时，可用双脚支撑蹬离。用确保式游到下游安全水域，避免发生意外事故。救援的主要方式可以选择抛绳包（袋）、舟艇和活饵救援。

3. 下拉流

（1）定义：下拉流（图 4-2-5）即水流撞击河道中的障碍物后，由中央流向河流底部与两侧产生的急流，如人脸的"微笑"形态，故又称微笑流。下拉流形成的原因是水流碰撞巨型礁石后，或遇到河道中水下礁石、水下支流或深潭、溶洞后，由中央流向河流底部与两侧。

图 4-2-5　下拉流

(2)危险性：水流较小时，水流即呈下拉的吸引力，但危险较小，一旦水流量增加，人体会被水流牵引下拉而卷入其中，应及时逃离。如果没有穿救生衣或游泳能力不足，水流会将人体或物体吸附贴住障碍物，并往河床底部拉扯，容易发生溺亡事故。

(3)预防与救援措施：

① 穿戴浮力足够的救生衣，使身体可以漂浮在水面，避免被卷入水下。

② 遇到障碍物时，用双脚顶撞或蹬离，即可顺流离开危险水域。

③ 操控橡皮艇被困时，可以将橡皮艇放气或割破，脱离岩石的吸附，顺流采用防卫式确保安全，逃离水流。

④ 可以在人员被困处上游 10 m 左右，使用动力艇采取"Z"形驾驶法切挡水流，让水面水流变缓，让被困人员向上游方向采取攻击式游泳，即可顺水沿下游脱出。

⑤ 选择岸上抛绳包（袋）救援方式，让被困舟艇或艇上人员抓住救生绳，即可沿顺流方向牵引脱困，达到救援成功的目的。

4. 叠加流

(1)定义：叠加流（图 4-2-6）即因地形障碍的影响，水流正面撞击平面障碍，形成撞击流与主水流的叠加而产生拟人化的"皱眉"的急流形式。

图 4-2-6　叠加流

（2）危险性：因为河床障碍物形状的影响，造成水流向外侧聚集到中央而产生层层叠加形状的水流，人体会被贴附导致无法脱离，危险性极高。游泳者或救援人员应尽量避免进入此类水流区域。如果障碍物下方有其他水流出口，人体就会被吸入在水下滚动，像进入一顶三角形的渔网，越来越贴紧或直接被拉到水底，很难逃脱，最终造成缺氧和窒息死亡。

（3）预防与救援措施：若想从叠加流中脱困，可用双脚用力蹬离水下礁石或障碍物，采取破坏直线水流推力的方法，顺水流流出方向逃离危险水域。如果水流前面是一堵墙，则像壁虎一样紧贴墙壁，缓慢地向侧面移动，进入缓流区时，脱离此水域；如果墙壁下面有出口或溶洞，则要快速逃离此水域，避免被吸入或卷入，否则后果不堪设想。舟艇救援可采取"Z"形驾驶定位于障碍物前切断水流，即可使被救者顺流往下游从而脱险。救援人员也可以用舟艇、抛绳包（袋）、活饵救援等方式，引导被救者沿顺流方向脱困，达到成功救援的目的。

5. 翻滚流

（1）定义：翻滚流（图4-2-7）指顺流而下的强劲水流，遇到落差后与底部水流反弹向上交汇后形成的急流。翻滚流在沸腾线上只是一个点，类似于洗衣机翻滚的水流，呈上下滚动，人体被卷入后，身体会失去支撑点，任由翻滚流折腾，危害性极大，时间久了会造成窒息、溺水死亡。

图4-2-7 翻滚流

（2）危险性：翻滚流主要出现在水坝、瀑布和拦水坝位置，其形成的原因是上游顺流而下的强劲水流，因落差与底部水流反弹向上交汇形成翻滚流，水流盖过障碍物或人体后，通常瞬间落差在1 m以上的翻滚流就会导致生命危险。落差越大，翻滚流的速度越快；反之，速度越慢。

（3）预防与救援措施：遭遇翻滚流时，头部露出水面，深吸一口气，然后在翻滚的过程中寻找支点，用双脚（双手）蹬（推）离礁石、岩壁等障碍物，利用救生衣的浮力和个人游泳技能，选择急流确保式和攻击式游泳交替使用的方法，快速逃离危险水域。可选择在上游拦截水流，使其流速变缓，进而使翻滚流也变缓，让卷入翻滚流的人或物体可以自行随水流顺流而出，也可以实施抛绳包（袋）、舟艇和活饵救援。

6."V"形流

（1）定义："V"形流因水流形状呈英文字母"V"字形而得名。水流冲击到水下或水面礁石等障碍物时，"V"形流根据水流形状可分为正"V"形流和倒"V"形流。

① 河道由窄变宽形成的急流，其形状尖端指向上游处，称正"V"形流（图4-2-8），表现为礁石或障碍物尖端在上游处。

② 河道由宽变窄形成的急流，其形状尖端指向下游，称为倒"V"形流（图4-2-9）。

图4-2-8　正"V"形流

图4-2-9　倒"V"形流

（2）危险性："V"形流是一种十分危险的水流。当人体或舟艇流过"V"形流时,就会被水下或水面的礁石吸住,湍急的水流让人或艇无法摆脱上游水流的不断冲击,人或艇被困在礁石边,时间久了会导致溺水或倾覆。

(3)预防与救援措施:经过"V"形流水域时,要保持一定距离,避免被水流冲击而吸附在礁石等障碍物上,造成无法摆脱的困境;用脚蹬离礁石或快速游泳脱离危险水域;救援人员驾驶机械动力艇接近此危险水域,采取水中快速救援或活饵救援。

7. 漩涡流

(1)定义:水流流经河岸转弯处、凹陷区域或障碍物时,形成漩涡状的急流(图4-2-10),类似于立式洗衣机的水流形状,其形成原因是外围水流呈螺旋形状被向中心和向下吸入,形成在河底垂直的漩涡流。常见于圆柱体的桥墩、岸边拐弯处、凹陷区域处。

图4-2-10 漩涡流

(2)危险性:漩涡流是一种十分危险的水流。它的危险性与水位落差大小、水的深浅、河床凹陷区域大小和水流湍急程度相关。水位落差越大、水越深、河床凹陷区域越大、水流越湍急,则形成的漩涡流危险性越大,反之则越小。由于向心力的关系,人体一旦被漩涡流卷入,就会受到吸引和向下的力,越往下水流的旋转速度就会越快,长时间被漩涡卷入,会晕头转向,无法找到漩涡水流旋转的出口,当体力耗尽时,会导致窒息、溺水死亡。

(3)预防与救援措施:远离漩涡流,避免被卷入漩涡。一旦被卷入，身体应尽量放松，打开四肢，让身体最大面积接触水面，减缓身体被吸入漩涡的强度，漂浮在水面上等待救援。游泳能力较好者可自己寻找漩涡流旋转的边缘切线，顺漩涡流往上游至与主流交汇处，再采取攻击式游泳技术，朝主流45°角方向快速冲出漩涡流区域。救援人员可用抛绳包（袋）或活饵救援方式，将被困人员拖离危险水域。

8. 沸腾线

（1）定义：沸腾线（图4-2-11）是指水流经过拦水坝等有瞬间落差的区域，形成的快速上下翻滚的急流。沸腾线是极度危险的水流，特点是水面宽广，覆盖下方整片河流水域，水流通过落差冲击的作用形成翻滚流。沸腾线上的翻滚流强度与落差高度、水流速度和拦水坝高度有直接关系，相关指数越高，风险越大，反之则越小。

图4-2-11　沸腾线

（2）危险性：在沸腾线水域落水，如果没有救生装备，就会很快被翻滚流卷入水中，越挣扎越难摆脱困境，当体力耗尽时，会导致溺水死亡。但是，沸腾线水域宽阔，远离坝下的水流相对缓慢，可以选择全身放松，采取仰漂姿势或确保式游泳技术，顺水流从翻滚流中被冲出。穿戴救生衣者，更容易漂流出来。

（3）预防与救援措施：不要进入沸腾线水流，遭遇沸腾线水流是极其危险的，需要头脑清醒，遇事不惊。当头部露出水面时，深吸一口气，然后在翻滚的过程中寻找支点，用双脚（双手）蹬（推）离礁石、岩壁等障碍物，利用救生衣的浮力和个人游泳技能，选择急流确保式和攻击式游泳交替使用的方法，快速逃离危险水域。救援人员可用抛绳包、舟艇、活饵、绳索救援等方式进行救援。

9. 洄流区

（1）定义：洄流区指急流水域的安全区。水流经过礁石、桥墩等水上障碍物时，从障碍物两侧经过的水流速度会加快，在障碍物正后方开阔的区域通常会形成洄流区（图4-2-12）。

图4-2-12　洄流区

（2）危险性：进入洄流区前有一股强大的水流与分水流交汇，因此进入洄流区前，一般选择防卫式游泳，确保自身安全后转换成攻击式游泳进入洄流区。洄流区是急流救援人员休息、观察、等待救援或延缓被冲往下游的区域。

（3）预防与救援措施：在急流水域漂流、游泳、操艇和驾驶机械动力艇时，应观察河道地形、不同区域水流的变化，选择不同的洄流区作为休息和避难场所，进入洄流区前通常采取防卫式接近，然后转换成攻击式游泳进入洄流区。

第三节　急流游泳救援

急流游泳必须穿戴专业救生衣、救援头盔、防滑手套、救援靴等。急流游泳技术主要用于急流脱困、自救和游泳救援，有攻击式、防卫式和确保式三种游泳姿势。急流游泳由于受到水流的快速冲击，游泳技术主要用于控制方向，借助水流冲向对岸或下游。

一、急流游泳救援入水技术

急流游泳救援入水技术根据出发地点水域环境情况可分为从岸上或艇上出发的平跳式入水技术和从浅滩涉水摸索进入急流的探索式入水技术两种。

1. 平跳式

平跳式主要用于岸上或艇上入水（图4-3-1、图4-3-2），一般从上游入水，并与水流方向呈45°角；要求水深至少超过膝盖70 cm，确保水下无暗礁等障碍物，以免发生意外事故。

图4-3-1　岸上平跳式入水　　　　图4-3-2　艇上平跳式入水

动作要领：一手外翻掌心向下保护脸部和颈部，避免碰伤、撞伤脸部或鼻子呛水；另一手向前与上游水流方向呈45°角，指示方向和入水后快速采取攻击式游泳姿势；做跳跃姿势时，双腿夹紧、两脚并拢、膝关节伸直、身体与水面平行，让身着救生衣的胸腹部接触水面，减少入水的深度，防止脚部先入水造成腿部受伤；入水后选择攻击式游泳，以达到快速接近被救者的目的。

2. 探索式

探索式（图4-3-3）主要用于水深不明或水下有障碍物等水域入水，以避免各种安全隐患，是急流游泳常用的入水技术之一。

图4-3-3　探索式入水

动作要领：当水深超过膝盖70 cm以上时，采取身体跃起前扑式入水技术，向对岸的上游和水流方向呈45°角做攻击式游泳，以快速接近目标。

二、急流游泳技术

1. 攻击式游泳

攻击式游泳（图4-3-4）主要用于快速地接近目标、两岸横渡、逃离危险水域、进入洄流区等情形。

动作要领：根据现场水域和水流情况，在上游20~50 m处下水，判断水流速度和方向后，游泳者面向对岸，身体与水流方向保持45°角，手臂采用爬泳姿势划水控制方向，两腿漂浮在水面上，以增加水流对身体冲击的面积，借助水流的推力，向目标位置以抬头爬泳的方式前进或靠岸。

图4-3-4　攻击式游泳

2. 防卫式游泳

防卫式游泳（图4-3-5）主要用于接近救援目标、控制漂流方向、靠岸和拖带等，起到急流救援自我防卫与保护的作用。

动作要领：身体呈高位仰泳姿势平躺在水面上，双臂同时向后划水控制方向，双腿并拢，膝盖微曲，脚尖浮于水面，身体与水流方向保持45°角，游向目标位置。

图4-3-5　防卫式游泳

3. 确保式游泳

确保式游泳主要用于危险水域脱困和由上游漂流至下游的确保，分为个人和团体两种方式（图4-3-6、图4-3-7），其目的是在漂流过程中快速地脱困或到达岸边，确保自身安全。

图4-3-6　个人确保式游泳

图4-3-7　团队确保式游泳

动作要领：身体提臀后仰，平躺在水面上，头部朝向上游，目视下游，类似于仰漂姿势，保持身体和水流方向一致，顺流而下；双手抓住急流救生衣肩带，双肘紧贴救生衣；双脚微曲浮于水面，脚尖部分露出水面。当漂流位置偏离主流区时，用单手做微调，使自己保持在主流区方向。

三、急流脱困技术

急流脱困是指人们在复杂的水流情况下，遭遇落水、翻艇、孤岛或沙洲被困后采取急流游泳技术脱离危险区域或上岸。

急流脱困技术可分为个人脱困技术和团队脱困技术。常见的方法是穿上救生衣、戴上安全头盔等个人安全装备，从上游顺流而下，采取攻击式游泳、确保式游泳或防卫式游泳技术，躲避水下障碍物和危险水流，进入洄流区休息或等待救援，或漂流至下游后上岸。

图 4-3-8 个人脱困技术

1. 个人脱困技术

当从上游漂流到下游，遇到危险水流时，运用个人脱困技术（图 4-3-8）可以从危险水流中逃离或脱困。常用的方式有确保式、防卫式或攻击式游泳。根据不同的水流和风险，可选择不同的脱困技术。

动作要领：个人脱困主要用确保式游泳技术来完成，遇到不同的水流，可采用确保式、防卫式或攻击式游泳转换，从危险水流脱困。寻找向下游漂流的方向和主流位置，借助水流方向，可以通过单手或双手划水及时调整身体位置，脱离危险区。

2. 团队脱困技术

3 人以上为团队，团队脱困技术（图 4-3-9）中，第一人做好确保式游泳动作，第二人用双手抓住前者的救生衣肩带，双脚夹在前者腰部，第三人及后面的人员做第二人的动作。当遇到复杂水流时，从上

图 4-3-9 团队脱困技术

游团漂到下游是团队脱困的一种方式，充分利用救生衣的浮力，顺利地通过各种复杂水域。

动作要领：团队脱困队形的第一人，主要任务是寻找方向和主流，中间人承上启下做好连接，保持队伍完整性，队员互相之间抓住不放手；后面的人控制和掌握队形方向。团队脱困主要由前后两人发出指令，保持队伍整齐，其他人可以通过单手划水及时调整队形。

3. 水面障碍物脱困技术

急流漂流或游泳遭遇水面障碍物时，需从障碍物上方翻越从而脱困（图4-3-10）。如果双手未能撑起身体或双脚往下沉，会立即被水流吸住下拉，致使从障碍物下方通过造成脱困失败，或被吸附在障碍物下，造成窒息、溺亡。

图4-3-10 水面障碍物脱困技术

动作要领：当距离障碍物约5 m时，以攻击式游泳加速往障碍物接近，身体保持平衡，双腿注意不可置于水下，双手接触障碍物上方瞬间下压扭腰使力，撑高身体以水平往前推动，则可以很容易地翻越障碍物，安全往下游移动。

4. 夜间脱困技术

夜间脱困时，要观察防水方位灯的位置，借助随身所戴头灯、岸上探照灯或空中无人机探射灯等照明设备，看清水面情况或障碍物位置，避免发生危险或意外事故。

动作要领：夜间下水任务除携带急流救援装备外，还必须随身携带防水照明灯具与信号弹。当救援人员夜间在水中发生危险时，首先要选择快速、安全的方法进行脱困；当需要进行夜间救援时，一定要看清楚受困者的位置，科学评估后才能行动；以团队救援优先，不允许单独行动。

5. 救生衣脱困技术

在做活饵救援时，发生活饵绳缠绕水中障碍物、救援人员不能脱困时，应选择快速解开快卸装置，借助水流冲力快速脱离险境。

动作要领：急流救生衣背上有一个扣环，用于连接救生绳，身前胸口有一个快卸扣，可快速解开快卸扣摆脱绳索。活饵救援时，一旦自己的生命受到威胁，可以快速拉开胸前的快卸扣，让快速释放带与救生绳脱离牵引，并利用救生衣的浮力，在水面漂流等待救援或自救。

四、急流游泳救援流程

急流游泳救援是凭借救援人员的游泳能力、规避水流风险的能力，快速地接近救援目标，控制和拖带溺水者返回岸边或浅滩。急流游泳救援流程主要包括入水、接近、控制、拖带与返回、上岸与搬运5个技术环节。

1. 入水

急流游泳救援一般采取平跳式入水技术，沿与上游呈45°角方向跳入水中，目视救援目标，用攻击式游泳技术控制方向，快速地接近目标。

2. 接近

接近是救援人员采取攻击式、防卫式或确保式游泳技术，借助水流的冲击，快速地接近救援目标。

动作要领：从上游入水，身体与对岸和水流方向保持45°角，借助水流的推力，采取攻击式游泳姿势从上方靠近下方的溺水者，选择从背面或侧面接近溺水者（图4-3-11）。

图4-3-11　攻击式游泳接近

图4-3-12　从背面或侧面控制

3. 控制

控制是为拖带做准备，其目的是防止被溺水者搂抱或纠缠，原则上从背面或侧面接近并控制溺水者（图4-3-12），使其靠近自己的身体，借助救生衣的浮力，采用确保式游泳技术返回岸边。

动作要领：从背后抓住被救者，将其向上提拉并控制在身前，双手紧扣溺水者腋下或救生衣肩带，借助救生衣的浮力和水流的推力，一起漂流向下游或岸边。

4. 拖带与返回

救援人员控制目标后，身体呈确保式游泳姿势，与上游、对岸或水流方向呈45°角，利用水流的推力，拖带溺水者返回下游的岸边（图4-3-13）。

图4-3-13　拖带与返回

动作要领：将溺水者置于身前，借助救生衣的浮力漂浮在水面，然后采取确保式游泳技术游到下游岸边。若采取活饵救援，可在岸上同伴的帮助下，采用钟摆式拖带返回岸边。

5. 上岸与搬运

当拖带返回岸边位置时，可由岸上救援队员协助将溺水者搀扶或提拉上岸，采取个人肩背，双人或多人抬、扛等方式，将溺水者搬运到安全区域进行现场急救。

动作要领：拖带溺水者靠近下游的岸边时，在岸上同伴的帮助下，一起采用搀扶、抬、扛或肩背等方式，将溺水者搬运到岸上安全区域，实施现场急救。

6. 安全注意事项

（1）在水况不明、没有穿戴急流救生衣的情况下，禁止做平跳式入水，可选择探索式入水方式，确保自身安全。

(2) 救援者下水前应评估自己的游泳能力和水流环境情况，出发地点应选择离目标上游约 50 m 处下水。

(3) 入水后应立即采取攻击式游泳技术控制方向，以对岸或救援目标为目标，沿与上游呈 45°角方向，借助水流推力游向救援目标。

(4) 急流游泳禁止直线前进，否则容易被急流冲向下游或偏离目标位置，甚至会被水流推至危险水域或礁石区。

(5) 采取攻击式游泳时，要抬头注视目标，身体俯卧在水面上，以两臂划水控制方向为主，借助水流推力到达目标处，两腿漂浮在水面，可小幅度地打水，禁止用自由泳打腿方式打水，以防脚撞上暗礁或被卡入石缝中。

第四节　急流浅滩涉水横渡救援

急流浅滩涉水横渡救援是主要应用于水流平缓、水深较浅的河道、小溪和浅滩的救援方式，是一项简单、方便、安全的救援方法。遇到湍急的水流时，建议架设绳索和器械，涉水横渡到对岸实施应急救援。

急流浅滩涉水横渡技术可分为徒手涉水横渡和器材辅助涉水横渡两大类，一般水深不超过腰际，行走时应与水流方向呈 45°角往下游行走到对岸。

涉水横渡方式可分为单人、双人、三人和多人涉水横渡。

一、单人涉水横渡

涉水横渡必须穿戴急流救援装备，可徒手或携带探测器材，侧身面对水流，减少水流对人体的冲击力，可采取双手左右拨水辅助身体平衡，下水前要规划好行动路线，由上游出发，沿与水流方向呈 45°角往下游朝目标区或对岸前进。

(1) 单人徒手涉水横渡：如图 4-4-1 所示，移动时要一脚踩稳后再移动另一只脚，遵循"一脚不动、一脚动"的原则，如水深超过腰部导致救生衣产生浮力时，要后退另寻水路。

(2) 单人借助器材涉水横渡：如图 4-4-2 所示，可寻找一根木棍或树枝用作探路，测试水深或水沟等风险，还可以将它作为第三个支撑点，确保涉水横渡安全。

图 4-4-1　单人徒手涉水横渡　　图 4-4-2　单人借助器材涉水横渡

二、双人涉水横渡

双人涉水横渡时，两人事先应有一定的分工，一人为主导和引路人，另一人为跟随和辅助，相互协调、照顾和配合，确保涉水横渡安全，可采取徒手或借助器材涉水横渡（图 4-4-3、图 4-4-4）。

图 4-4-3　双人徒手涉水横渡　　图 4-4-4　双人借助器材涉水横渡

（1）动作要领：双人涉水横渡时，一人在前方选择路线和方向；另一人在后方配合前进，一手紧抓前者救生衣的肩带，另一手顶住前者背部平衡身体，步调一致地缓慢前进。

（2）注意事项：前者行走一步稳定后，后者才可移动脚步，以确保行走的安全性和稳定性；遇到水深超过前者的腰部时，后者应及时制止或停住，经商量后再选择其他路径或方向，确定前进或后退。

三、三人涉水横渡

（1）技术要点：三人涉水横渡属于小组行动，三人之间呈等腰三角形，可提高涉水横渡的稳定性。通常前面一人为组长，后面两人为成员，一切行动听组长指挥，做到相互照顾、协调和配合，确保涉水横渡安全。

图 4-4-5　三人涉水横渡

（2）动作要领：三人涉水横渡（图 4-4-5）时，整个队形要成紧凑的三角形，前排第一人安排比较强壮的救援人员双脚平行站立。第二排两人内侧手紧抓前者救生衣的肩带，手臂顶住前者背部平衡身体，外侧手抓住前者救生衣的腰部，脚成侧弓步，两人靠紧；听从组长指挥，有节奏地按照第一人的前进路线同步跟上，确保脚下稳定，防止侧滑或摔倒。

四、多人涉水横渡

多人涉水横渡（以 4~6 人为例）时应根据人数进行排列，形成一个紧凑和稳固的三角形队形。当解救到受困者返回时，应让其穿上救生衣，并将其置于队伍中间，以得到左右、前后的保护，确保安全和救援成功。

（1）技术要点：以 6 人为例（图 4-4-6），前排第一人安排比较强壮的救援人员正面迎水站立，担任组长；第二排两人内侧手紧抓前者救生衣的肩带，手臂顶住前者背部平衡身体，外侧手抓住前者救生衣的腰部，脚成侧弓步，两人靠紧，担任辅助手；第三排为三人，同第二排要求，担任救援手。若有被救者，列入第三排中间。

图 4-4-6　多人涉水横渡

（2）动作要领：由组长统一指挥前进方向，队员之间互相配合与协作。可以用口令按 1—2、1—2 节奏或左右、左右步伐行走。若有被救者一起涉水横渡，则应一起平稳地向对岸或浅滩行走，确保涉水横渡和救援安全。

五、涉水横渡救援安全注意事项

涉水横渡救援要求救援人员既要有单兵作战能力，更要有团队合作精神。

（1）救援人员必须穿戴急流救援专用装备，特别要穿上水域救援靴，防止水底物体划伤双脚。

（2）水深在腰际以下可以安全前进，但要注意维持身体的平衡；如水深过腰，则须后退或另寻水路。涉水时要一小步一小步地侧移前进，以减少水流的冲力，不可大跨步行进。

（3）下水前应先于岸边规划涉水横渡路线，由上游与水流方向呈45°角往下游目标区域或对岸前进，禁止直线前进。

（4）横渡人员须侧身面对水流，缓慢试探河床深浅或有无障碍，不可抬高脚部，每一脚都要踏实地踩在河床或小溪的底部，脚沿河床底部慢慢移动，尽量将身体的重心放在两脚之间，以保持平衡。

（5）双人及以上横渡浅滩时，后者的手抓紧前者救生衣的肩带，手臂顶住前者背部平衡身躯，缓慢前进。涉水时，一旦身体失去平衡不慎滑倒，尽可能地在原地起立，待站稳后再重新前进；如果水深足够，则可以在急流中采用确保式游泳漂向下游再靠岸。

（6）多人横渡救援接触受困者后返回岸边时，切记将受困者置于队形中间，以避免受困者受水流冲击而恐惧慌张，影响返回动作。水流混浊不清时，须由前方人员取桨或杆试探水深与障碍物后涉水横渡。

第五节　急流活饵救援

急流活饵救援主要用于危险水域救援，特别是当舟艇无法靠近或游泳直接救援风险很高时，可采取活饵救援方式，降低救援风险。

一、活饵救援概述

活饵救援是指救援人员穿戴专业救生装备，携带救生绳或绳包，控制溺水者后,在同伴的帮助下,将其拖带并返回岸边或艇上,完成救援的行动。

(1)简介:活饵救援是团队救援项目之一,一般2~3人为一个救援小组,具体分工为指挥员、救援人员、协助人员;根据水域环境、救援风险,如果灾情严重或救援范围较大,可以增加到3~5人一组,增加上游观察人员和下游安保人员。

(2)活饵救援出发方式:可分为岸上、艇上出发,尽量接近救援目标,以便快速完成活饵救援任务。

(3)活饵救援流程由入水、接近、控制、拖带(钟摆式)、返回与上岸5个技术环节组成。

二、岸上活饵救援

1. 入水

救援人员将水域救援牛尾绳连接水面漂浮的救生绳,准备完毕后,用"OK"手势向同伴示意,并由岸上协助人员做好保护;救援人员与溺水者呈45°角,采取平跳式或探索式入水技术(图4-5-1、图4-5-2)。

图4-5-1 平跳式入水

图4-5-2 探索式入水

图4-5-3 攻击式游泳接近

2. 接近

用攻击式(图4-5-3)、防卫式或确保式游泳技术,快速接近或游至溺水者背后或侧面,并对其进行语言安慰和提示。

3. 控制

救援人员双手穿过溺水者腋下

或抓住其一侧手臂，将其控制住，并用双腿夹住其腰部，防止被其搂抱或纠缠（图4-5-4）。

4. 拖带

用"OK"手势或声音向岸上同伴示意控制完成。控制后做好自我确保，在岸上协助人员的协助下，控制救援漂浮绳，利用水流力量做钟摆式拖带（图4-5-5），顺流到达下游岸边。

图 4-5-4　控制后呈确保式

图 4-5-5　钟摆式拖带

5. 返回与上岸

在确保自身安全的前提下，将溺水者拖带返回岸边或水流缓和的洄流区休息，或直接顺流而下，向下游漂浮至岸边（图4-5-6）。

选择下游缓流水域上岸，救援人员身体侧对岸边，单手控制被救者，接近岸边后，岸上协助人员快速赶到岸边，协助搀扶（图4-5-7）或将溺水者搬运上岸，完成救援任务。

图 4-5-6　返回

图 4-5-7　搀扶上岸

三、"V"字形绳索活饵救援

"V"字形绳索活饵救援适用于在河道开阔无障碍物的情况下，对河流中的溺水者进行施救。救援人员配备有专业救生衣、救生绳和挂钩等装备，以3~5人为一个救援团队。具体流程如图4-5-8至图4-5-13所示。

图4-5-8　装备下水扣上主绳

图4-5-9　主绳双侧协助人员控制方向

图4-5-10　掌握受困者位置

图4-5-11　斜角度移动绳索靠岸

图4-5-12　拖带靠岸

图4-5-13　岸上人员固定

1. 动作要领

救援人员穿好急流救生衣，携带活饵装备下水，将急流救生衣的牛尾锁扣在主绳上，由河流两岸控制水面漂浮绳的协助人员控制救援方向，通过收绳或放绳控制救援人员移动，当救援人员移动到溺水者处控制溺水者并做出"OK"手势后，两岸协助人员移动漂浮绳，使漂浮绳和水流方向呈45°角，通过水流的力量，让救援人员和溺水者在下游靠岸。

2. 适用范围

常用于开阔无障碍物的水域，人员被困于拦水坝、孤岛、桥墩、河中等场景的定点救援，通常在溺水者上游开展救援。

四、"V"字形双绳包活饵救援

"V"字形双绳包活饵救援的场所为上游和下游之间，有障碍物不能正常通过，两岸协助人员控制主绳定点救援河中被困人员。

1. 动作要领

在活饵牛尾锁上，扣上双抛绳包中的主绳，救援人员游向溺水者并控制溺水者后，上游协助人员固定主绳，下游协助人员快速拉回救援人员及溺水者。具体流程如图4-5-14至图4-5-17所示。

2. 适用范围

常用于开阔无障碍物的水域，人员被困于拦水坝、孤岛、桥墩、河中等场景的定点救援，通常在溺水者上游开展救援。

图4-5-14　双绳包主绳扣在活饵牛尾锁上

图4-5-15　救援出发

图 4-5-16　游向受困者

图 4-5-17　上游固定、下游拉回

五、"Y"字形绳包活饵救援

"Y"字形绳包活饵救援主要用于救援有效距离较短，下游是危险水域，需要在短时间、短距离内将被救者拉回岸边的情形。

1. 动作要领

在钟摆救援的基础上做"Y"字形绳包活饵救援。在距离非常有限的情况下，用另一个抛绳包，在绳头"8"字结上扣上一把主锁，用这把主锁扣在钟摆主绳上，增加一个向岸边的力量，岸上协助人员得到救援人员"OK"手势后，向下游岸边45°角方向快速收绳，将溺水者拉回到岸边，但协助人员所在位置不能超过危险水域。具体流程如图4-5-18至图4-5-21所示。

2. 适用范围

常用于水流速度快，水面宽阔的急流快速救援。

图 4-5-18　绳索锁扣在活饵绳索上

图 4-5-19　救援出发

图 4-5-20　协助人员收绳　　图 4-5-21　岸上人员帮助溺水者上岸

第六节　急流舟艇救援

舟艇救援包括充气式无动力橡皮艇（简称橡皮艇）和充气式机械动力艇（简称 IRB）。本节主要阐述橡皮艇救援。

橡皮艇救援是舟艇团队救援项目之一，其救援范围广，抗风浪和水流的能力较弱，划行的动力来自人工划桨。适用于静水、急流、海滩、冰面等水域救援；救援技术主要包括舟艇搬运（艇操）、冲浪、借浪、避浪、顶流、固定、脱困、翻舟自救等。

一、橡皮艇救援概述

急流橡皮艇救援通常采取从上游向下游目标接近，借助水流、操艇技术救援。救援方式可采取抛投绳包、接近直接救援、翻舟自救、无桨划艇返回。可运用于受灾面积大、距离远、风浪较小的救援及洪涝灾害、城市内涝救援，使受灾群众脱困、转移伤员、运输救灾物资和器械，可在第一时间有效实施水上救援，挽救受灾群众生命和财产。

1. 特点

根据载人多少和船体大小，橡皮艇可分为单人艇、双人艇和多人艇，其动力源主要来自人工划桨。橡皮艇救援速度较慢、抗风浪能力较差，一般抗风能力 6~7 级，抵御风浪 2~3 级，抵御浪高 1~2 m。

2. 结构

橡皮艇一般长 3.6~4.2 m，宽 1.7 m，重 35~50 kg；不受水深的影响，抗风能力 6~7 级，抵御浪高 1~2 m，抗水流等级为 Ⅰ~Ⅲ 级（水流速度为 1~10 m/s）。由高耐磨、防碰撞、可充气的高密度橡胶制成；艇上配有船桨、充气阀、打气筒、救生绳、救生衣、浮标、坐垫和其他救援工具。

3. 功能

橡皮艇承载能力强，一般可载重6~8人；船体吃水浅，搬运方便，可以用提、抬、扛、顶等人工方式和汽车搬运；救援时发生倾覆，可以通过翻舟自救方式重新登艇后划回岸边或浅滩。

4. 适用范围

适用于江、河、湖、海滩等水域及急流、城市内涝救援，特别适用于平静水域救援、警戒、巡逻、运输和受灾群众及伤员转移等。

二、橡皮艇维护

1. 安装与充气

橡皮艇安装可用电动充气泵快速充气，或用手工打气筒，以及脚踏式充气泵充气。测试充气压力可以用专门的气压测试仪，也可以用目测法指压测试，如用大拇指按压下陷0.5~1 cm，即可安全使用。

2. 附件配置

安装和整理艇边绳和艇头绳索，以便离、靠岸和翻舟扶正。携带船桨、救生浮标、急救箱等备用器材；救援人员必须穿上救生衣和救援鞋，戴上救援头盔和防滑手套。

3. 防晒与维护

通常橡皮艇夏季时充气不要太足，约85%即可，避免橡皮艇在太阳底下长时间曝晒，发生爆裂现象；冬季时可充气90%~95%；充气不足时橡皮艇浮力不够，影响划行速度和艇上人员的安全。使用时要防止热胀冷缩，保护橡皮艇的质量和使用寿命。

4. 清洗与收藏

橡皮艇上岸后要用清水冲洗，原则上用完后可以稍放空艇内气体，但不要折叠，以免因长时间折叠在一起产生橡胶粘连，加快橡皮艇老化和损坏；艇底朝上可防止老鼠咬破橡皮艇。若短时间不用，应充气保存，摆放到室内或遮阴位置。

三、救援哨音与手势信号

1. 哨音

短音持续时间为1 s以内，长音持续时间为3 s以上。

(1) 一声长哨音：停止。
(2) 二声长哨音：注意上游。
(3) 三声长哨音：注意下游。
(4) 四声长哨音：注意绳子（绳子掉落）。
(5) 二短一长哨音：向"我"靠拢（或收队）。
(6) 三声短哨音：有紧急情况。
(7) 三短三长三短哨音：国际通用的SOS紧急求救。
(8) 哨声一直响：求救信号。

2. 手势

按照国际水上救援规范，选择正确的救援手势。

(1) 单臂上举或船桨直立表示求救（图4-6-1）。
(2) 两臂平举或船桨在头上平举表示停止（图4-6-2）。

图4-6-1　求救手势　　　　图4-6-2　停止手势

(3) 单臂左侧平举或船桨指向左上游表示往左靠或往上游移动（图4-6-3）。
(4) 单臂右侧平举或船桨指向右上游表示往右靠或往下游移动（图4-6-4）。
(5) 单手五指碰击头盔表示"OK"或没有问题（图4-6-5）。

图4-6-3　往左靠手势　　　图4-6-4　往右靠手势　　　图4-6-5　"OK"手势

四、橡皮艇搬运

橡皮艇搬运，又称艇操，是指将橡皮艇人工搬运到岸边、浅滩的专门技术。按照统一的动作规范、组织方式和口令要求，在艇长的指挥下，步调一致，服从命令，安全将橡皮艇运输到救援地点。

人工搬运是一个动态的过程，途中往往会遇到平地、斜坡、路面不平、转弯、狭窄空间等情况，需要相关人员根据实际情况，做出合理的调整。如果长距离搬运，可以选择将橡皮艇固定在汽车上运输，也可以使用专用拖车运输。

人工搬运技术规范与操作流程包括预备姿势→搬运（直立提艇、上肩扛艇、上头顶艇、上举托艇）→抛艇→放艇与入位等环节。

1. 预备姿势

搬运前，全体队员配备完整的、合格的救援装备，整装待发。在艇长的带领下，按照分工与位置，分别站立在橡皮艇两侧。

听到艇长发出"准备"的口令时，全体人员在艇舷两侧呈单腿高跪式姿势：内侧膝盖触地跪姿，一只手扶艇，呈高跪姿下蹲，另一只手扶在外侧膝盖，做好搬运前起立的准备（图4-6-6）。

图4-6-6 预备姿势

2. 直立提艇搬运

听到艇长发出"起立"的口令时，全体人员统一起立，一只手提拉橡皮艇的把手，另一只手支撑膝盖作为垂直起立时的支撑点，便于发力。内侧脚向外侧脚并拢，起立后单手提艇，身体呈立正姿势，做好搬运（肩扛和头顶）的准备（图4-6-7）。禁止弯腰提艇，容易造成腰部受伤。

听到艇长发出"齐步走"的口令时，全体人员用内侧手提艇姿势，用小碎步搬运橡皮艇前进（图4-6-8）。要求步幅、步频一致，手臂伸直提艇，适用于10 m左右距离，便于放艇。

图 4-6-7　直立提艇

图 4-6-8　提艇搬运

3. 上肩扛艇搬运

在原地或行进间，听到艇长发布"上肩"的口令时，全体人员呈立正姿势开始，外侧手拉艇边把手，内侧手托举艇底变成单肩扛艇姿势，一起完成后等待第二次口令（图 4-6-9）。

图 4-6-9　上肩扛艇

上肩扛艇站立后，当听到"跑步走"的口令时，全体一起用小步跑动作快速地向岸边或浅滩搬运前进。相对来说，肩扛比手提要轻松，搬运的距离可更长。上肩扛艇搬运适用于路面平坦、山地宽敞的较长距离搬运（图 4-6-10、图 4-6-11）。

图 4-6-10　平地上肩扛艇搬运

图 4-6-11　山地上肩扛艇搬运

4. 上头顶艇搬运

当听到"顶艇"口令时,全体人员统一在扛艇的基础上,将艇上举过头,用双手托住艇的底部,缓慢地放下,从肩扛变成头顶的方式(图4-6-12)。可以采取走或跑的方式搬运橡皮艇前进,搬运时双手要协助扶艇,避免因支撑点移动,造成滑落。上头顶艇搬运适用于特殊环境,可以通过狭窄的路面。

图4-6-12　上头顶艇

5. 上举托艇搬运

当听到"托举"的口令时,全体队员立即停止前进,在上头顶艇的基础上,用双手掌心向上同时托住艇的底部,手臂伸直向上呈托举姿势(图4-6-13)。上举托艇搬运适用于路面较窄、高低不平的场景,容易改变高低位置和通过狭窄空间。

当需要通过狭窄空间时,应将原来平行前进的橡皮艇改变为斜向或直立方式;当听到艇长发出左侧"高"或右侧"低"的口令时,左侧人员上举,从原来肩扛或头顶位变成向上托举;右侧人员则从原来上举、头顶或肩扛姿势,变成向下低于左侧的高度即可,使横向移动的橡皮艇缩小行进空间,以便通过狭窄空间(图4-6-14)。

图4-6-13　上举托艇

图4-6-14　通过狭窄空间

6. 抛艇

当救援途中遇到障碍物或落差较大的水面时,需要将橡皮艇向上抛起，然后继续前进或入水。另外在运输中需要将艇叠装，也需要做向上抛艇动作（图4-6-15）。

7. 放艇与入位

当橡皮艇搬运到达岸边或浅滩水边时，听到艇长下达"放艇"的口令后，全体人员立即停止前进，将艇从最高位置统一依次按顺序放到地面或水面。然后队员依次登艇，根据每条艇的人数和分工，依次入座（图4-6-16～图4-6-19）。首先是艇头和中间，最后是艇尾。

图4-6-15　向上抛艇

图4-6-16　三人艇入座

图4-6-17　四人艇座位分布

图4-6-18　五人艇座位分布

图4-6-19　六人艇座位分布

五、橡皮艇救援分工与职责

橡皮艇救援主要展现团队救援力量，需要团队成员齐心协力、整齐一致地划桨，才能使橡皮艇快速地划向救援目标，完成救援任务。下面以4~6人的橡皮艇团队救援项目为例。

（1）艇长：1人，全面负责橡皮艇的救援工作，划桨时指挥操桨手统一动作节奏、频率和深度，发信号指令、控制方向和救援的全面工作。

（2）观察手：1人，主要负责观察水面情况，协助艇长发出信号指令。

（3）操桨手：全体，其中2人协助观察手和艇长，控制橡皮艇的方向、救援距离、艇的平衡和稳定。

（4）救援手：2人，当橡皮艇接近清醒的落水者或溺水者，采取间接救援时，将间接救援器材伸、抛给溺水者，拖带其上橡皮艇；当发现溺水者已昏迷或失去意识时，则跳入水中实施直接救援，将溺水者控制后拖带到艇边，再在同伴的帮助下，将其安全地提拉到艇上。

（5）四人艇人员分工：艇长1人，救援手2人，观察手1人。

六、橡皮艇救援流程

橡皮艇救援的流程为整理装备→搬运橡皮艇（人工或车载）→放艇入水→上艇入座→出发（离岸）→划桨→艇上救援（间接、活饵）→翻舟自救（如需要）→划艇返回→靠岸→搬运等。

1. 整理装备

当接到求救信号和出发命令时，救援队员穿戴全套个人装备，在艇长的带领下，快速跑向停放在岸边的橡皮艇，并准备车载或人工搬运橡皮艇。

2. 人工搬运

采取提、抬、扛的方式搬运橡皮艇，快速到达岸边、海滩、滩涂、急流河道边，禁止随地拖、拉橡皮艇，防止尖石、铁器等利器擦破、磨破或刺破橡皮艇。

3. 放艇入水

救援队员在艇长的指挥下，采取平移放艇入水、抛艇入水，艇头朝向岸边。

4. 上艇入座

以6人艇为例，当艇平放于水面后，救援队员依次登艇，观察手和救援手位于艇的前方，艇长坐在船尾，艇长最后一个上艇。

根据橡皮艇在水上的行进速度和环境变化，可做适当的调整，身体稳坐在艇的内侧。坐姿有高跪姿和直接坐在艇的内边沿等，以确保安全、舒适、方便用力为基本要求。

5. 出发

橡皮艇出发技术可分为海滩、急流、码头、岸边、水中出发技术。

急流橡皮艇出发技术通常在上游的岸边或水中，沿与对岸上游呈45°角方向划向目标，或返回时划向对岸的下游靠岸（图4-6-20）。

图4-6-20　橡皮艇出发

6. 划桨

操桨手首先需要掌握正确的握桨、插桨、拉桨、提桨等一系列动作。

（1）握桨：握桨时，将用力的手臂握在桨叶的近端1/3处，另一只手握住桨的顶端（桨的把手处），手臂伸直，间隔距离以个人舒适为宜。

（2）插桨：身体前倾，桨从前上方45°角自靠近艇身处直接插入水中，桨入水约30 cm左右。

（3）拉桨：两臂伸直，以腰部发力，将桨拉近到身体垂直面完成。

（4）提桨：举桨、插桨、拉桨完成后即可提桨，以上是一个完整的循环动作。

救援人员身体应稳定、合理地坐在橡皮艇内舷的位置上，一脚顶住艇对面内侧，以维持身体与橡皮艇的平衡，互相之间保持一定距离，便于划桨和安全操艇（图4-6-21）。

橡皮艇划艇技术包括：

（1）直线划艇技术：要求全体队员在艇长的指挥下，动作、力度、速度、幅度一致，保持直线前进。

图4-6-21　橡皮艇划艇技术

（2）转弯或"S"形划艇技术：橡皮艇转弯时，两侧的用力程度不一样。如右侧用力和幅度加大，左侧用力稍小或不用力，即可使船头向左转弯；反之则向右转弯。"S"形变向划行时，则需要两侧互相协调和变化，两侧队员的用力程度、节奏和幅度也要有所调整，让橡皮艇转向要去的方向。

（3）急停与倒退：急停与倒退是橡皮艇救援的一项重要划桨技术，主要用于离岸、靠岸和救援行为，避免划行中碰撞水下障碍物或游泳者。

① 急停：当听到艇长下达"停止前进"的命令后，全体人员应立即停止划桨，并将桨面朝前插入水中固定，以增大水下阻力，使橡皮艇迅速停止。

② 倒退：当需要倒退时，全体人员应立即做反方向划桨姿势（由后向前划桨），控制橡皮艇向前移动的力量和速度，使艇向后退让。

（4）水中控制技术：在救援实践中，需要控制橡皮艇的安全距离或位置，以确保救援安全和成功。

水中控制技术可以通过用桨挡水、前后划桨来控制橡皮艇的稳定；划桨时全体队员要分工协作，听从指挥，使橡皮艇停止在原地。也可以用抛锚控制的方法稳定橡皮艇。抛锚固定的方式有单锚、双锚、多锚固定等，具体根据现场救援和水流、风浪情况进行选择。

（5）顺流划艇：沿水流方向划行，借助水流推力，控制艇的平衡，避开水中障碍物和危险水流，防止橡皮艇侧翻或倾覆（图4-6-22）。

（6）顶流划艇：遇到顶流划行时，艇上全体人员应加快桨频、加深桨入水的深度，齐心协力地沿与对岸呈45°角方向快速划桨，进入洄流区或宽泛水面后，再调整用力（图4-6-23）。

图4-6-22 顺流划艇

图4-6-23 顶流划艇

（7）避险与脱困：当橡皮艇遇到水下暗礁、漩涡等危险区域时，应快速、全力地向下游方向躲避，禁止靠近沸腾线、下拉流、叠加流等危险水流；尽量远离危险水域，保持艇头朝外，全体人员齐心协力，快速地划桨，迅速逃离，避免被吸入漩涡流、翻滚流和下拉流等（图4-6-24、图4-6-25）。

图4-6-24　避险划艇　　　　　图4-6-25　划艇脱困

7. 艇上救援

接近救援目标前，要进行现场评估。橡皮艇救援接近与控制溺水者，应选择艇头或艇尾接近，救援人员抓住溺水者的手或其他身体部位，将其拖带靠近艇并控制在艇边（图4-6-26）；然后采取高跪姿身体后倒入艇的方式，将溺水者提拉上艇；也可以跳入水中，做水下托举，艇上人员抓住溺水者的手和脚，一起将其提拉上艇（图4-6-27）；最后共同返回岸边和上岸，完成橡皮艇直接救援。救援时要确保橡皮艇平衡，防止重心偏离造成侧翻，发生二次落水或溺水事故。

图4-6-26　接近与控制　　　　　图4-6-27　提拉上艇

8. 翻舟自救

橡皮艇翻舟自救是救援人员确保自身安全的基本技能之一。当橡皮艇遇到风浪或操作不当时，一旦失去平衡就很容易侧翻或倾覆，导致艇上人员落水。当橡皮艇发生侧翻或倾覆时（图4-6-28），艇上人员应立即从翻覆的橡皮艇下逃离到水面集结，清点人数后，在艇长的指挥下，立即将橡皮艇扶正复位，完成翻舟自救后，重新登艇，用桨或手划艇返回岸边或浅滩。

图4-6-28　舟艇倾覆

翻舟自救的流程包括水下逃生→翻艇扶正→水中登艇→划艇返回4个环节。

（1）水下逃生。

舟艇倾覆后，首先应快速逃离艇体，防止被覆盖在水下，造成窒息死亡。潜出艇底后迅速向艇边靠拢，借助橡皮艇的浮力，确保自身安全。（图4-6-29、图4-6-30）

图4-6-29　水下逃生　　　　　图4-6-30　潜出水面

（2）翻艇扶正。

救援人员快速找到艇边绳，爬上倾覆的艇底（图4-6-31），以艇边绳作为拉力绳和支点，利用身体重心后倒和拉力的力量，及时将橡皮艇翻正和复位（图 4-6-32）。

图 4-6-31　登上覆艇

图 4-6-32　翻正复位

（3）水中登艇。

入水后应尽快找到桨，并送到艇上供返回时使用。清点人数后，全体依次登艇（图 4-6-33），检查安全装备和准备返回。

（4）划艇返回。

全体登艇后，在艇长的指挥下，重振信心，齐心协力，快速返回安全岸边或浅滩（图 4-6-34）。

图 4-6-33　依次登艇

图 4-6-34　划艇返回

当桨遗失时，则需要利用身边的物品作为划水工具，也可以用单手或双脚作为桨进行划水或打水，为橡皮艇提供动力，使其向岸边或浅滩靠近。划水时，人平趴在船沿上，外侧腿骑跨在艇边上，身体尽量向外探出，一只手抓住对侧队员的救生衣作为支撑点，另一只手伸向水面，用手划水（图 4-6-35）。划水时要听从艇长的指挥，保持动作整齐划一。

图 4-6-35　无桨徒手划艇

翻舟自救时须注意以下事项：

（1）舟艇倾覆后落水，要保持镇定，躲避或离开危险水域，避免撞击水下障碍物，造成意外事故。

（2）配备合格的专业救生衣，快速脱离艇体，尽量漂浮在水面上，保证自身安全后，再进行集结和清点人数。

（3）尽量与同伴一起行动，发现有人失踪，首先应检查舟艇下方是否有人，防止同伴被绳索或衣物缠绕在艇下。

（4）也可选择其他逃生方法或等待救援，利用各种信号工具请求其他舟艇的援助。

9. 靠岸

橡皮艇沿与上游方向呈45°角划行，借助水流推力到下游靠岸。全体人员齐心协力快速划桨，全力控制艇的平衡，避免侧翻或倾覆（图4-6-36）。

靠岸时，先用艇头顶住岸边，然后缓慢靠近，用船的侧面靠岸，并用艇侧或头绳固定橡皮艇，最后送溺水者上岸（图4-6-37）。

图 4-6-36　靠岸划艇

图 4-6-37　上岸

第七节　沸腾线救援

沸腾线是由拦水坝水流落差而产生的危险水流,沸腾线救援属于急流高风险救援项目。当拦水坝具有一定的落差高度时,拦水坝下游就会出现一片致命的水流区域,即由漩涡流、翻滚流、下拉流等综合水流组成的沸腾线。任何物体或人体被卷入或吸入沸腾线,就像在滚筒洗衣机内不断地翻滚,如果没有足够的安全装备和游泳技能,根本无法脱离沸腾线。如果长时间无法逃离沸腾线,就会体力不支,最终导致溺水死亡。

一、沸腾线概述

沸腾线是由多个翻滚流点组成的危险水域,主要出现在拦水坝下的河床。在长时间水流冲击下,拦水坝下的河床会不断地发生变化,若遭遇暴雨、洪水的冲刷,其原凹槽会逐渐加深,水流会出现不同的变化,形成沸腾线——急流救援中最危险的水域之一。广大救援人员必须引起重视,充分认识沸腾线的风险。

1. 沸腾线的特点

沸腾线是一种致命的翻滚流,救援人员接近时应保持一定的安全距离,避免被沸腾线卷入或吸入。随着急流水域流速加快、流量增大,沸腾线的危险也会逐渐增大。沸腾线具有极大的危险性,因此禁止进入沸腾线游泳、戏水和钓鱼,禁止违规操作、低估风险和盲目救援。

2. 沸腾线的危害性

沸腾线存在巨大的风险,是最危险的水流之一。当拦水坝的长度和宽度增加时,拦水坝落差变大、水量变大、流速变快,沸腾线产生的风险也会变大,反之则变小。在暴雨或洪水期上游的流量和流速突然增加,水流风险等级达到Ⅳ~Ⅴ级时,沸腾线的风险就急剧增加,白色水流中含有大量的气泡,含氧量极低,非专业救援人员在没有足够浮力的情况下,根本无法脱离沸腾线,生命将受到巨大的威胁。如果长时间无法脱离沸腾线,就会因缺氧而窒息甚至死亡。

3. 沸腾线安全预防

（1）对于非专业救援人员，遇到沸腾线首先要远离，避免进入沸腾线水域活动。

（2）遇到沸腾线时，钓鱼、戏水和游泳者请务必小心，尽可能远离。

（3）可以对拦水坝建造做出一些改进，改变沸腾线的危险性；对拦水坝下方进行人工硬化，并建成多个梯田形拦水坝，即水流高度不超过 1 m、宽度达 10~20 m 的平面，直到最后一级与河流成水平面。

（4）沸腾线安全预防：一个高 5 m、宽 2~3 m 的拦水坝，在下游用钢筋水泥建造 5~6 个台阶，每级高度降低 50 cm，每级宽度增加 3~5 m 左右，一直延伸到建成一个 30 m 宽度的梯田形。当遇到水位突然高涨时，水流的落差始终保持在 1 m 以下，就不会出现严重风险的翻滚流，可以降低沸腾线的风险。

4. 沸腾线救援

沸腾线救援应防止违规操作，切勿低估水流风险，不要盲目实施救援。救援人员应充分认识沸腾线救援的风险，配备安全的救援装备，选择安全的救援手段，达到确保自身安全和提高救援成功率的目的。

（1）沸腾线风险：沸腾线是由拦水坝落差和水流冲击而造成的风险水域。水流通过落差冲击的作用形成一片翻滚流，沸腾线的强度和水流状况、拦水坝高度有直接关系。通常在没穿救生衣被卷进翻滚流的情形下，溺水者完全不可能从翻滚流中脱困，越挣扎就会越被卷入翻滚的漩涡中。除非人已经失去意识，全身彻底地放松，毫无挣扎能力，才有机会顺着水流从水底被冲出。一般情况下会在沸腾线中持续翻滚，最终造成溺水身亡。

（2）沸腾线救援装备：必须穿戴浮力为 120~150 N 的专业救生衣，救生衣强大的浮力可以使人漂浮到水面，不易被沸腾线吸入或卷入水中。以确保式顺水流漂流，待漂到沸腾线分水线时，出现水流往下游拉的瞬间，立即与水流方向呈 45°角，采取攻击式泳姿快速游出沸腾线。也可以采取浮标或活饵救援方式，摆脱沸腾线的威胁，逃离危险水域。

（3）沸腾线救援方式：应以团队救援为主，最常用、安全的救援方式是采取岸上绳包救援、舟艇活饵和绳索协助救援。禁止使用徒手直接救援、橡皮艇或桨板救援；一旦被卷入沸腾线内，就会产生难以预测的救援风险或救援失败。

二、沸腾线绳包救援

沸腾线绳包救援是最安全、快捷、简单的救援方式之一，可选择岸上或舟艇抛绳包（袋）救援。

1. 技术要点

岸上抛绳包（袋）救援要注意时机和准确性，争取一次成功，让被救者抓住救援绳。

艇上抛绳应控制好距离，动力艇控制平稳后做抛投救援，以降低救援风险，提高救援的成功率。

2. 注意事项

采取艇上救援时应在分水线下游安全处以外控制艇位，千万不要随意进入沸腾线内，否则容易被强大的水流吸入或卷入，发生意外事故。

三、沸腾线截流救援

沸腾线是急流中最危险的水流之一，水流没有受到河道中任何障碍物的阻挡或拦截，随着流量的增加，流速会越来越快。如果沸腾线上游河道水流受到碰撞或阻拦，水流速度和流量可得到一定的控制。因此，建造人工拦水坝堤，可减少流量、降低流速，让被困者从沸腾线中漂流出来，达到脱困的目的。

在沸腾线上游截流的方式有以下几种。

1. 坝上人墙截流

在拦水坝上方建立一座人墙，在两岸之间拉一根长绳，并在拦水坝上面的内侧打入木桩，作为稳定人墙的扶手或支撑点，防止人墙被水流冲入下游，以阻挡水流，减少流量、降低流速，由此减缓翻滚流的速度，便于被困者浮出水面呼吸，再通过自救方法摆脱沸腾线翻滚流缠绕，快速逃离危险水域，实现成功自救。

2. 坝上篱笆式阻击网

在沸腾线上方的拦水坝区域拉起一道篱笆式阻击网或人墙，减缓水流速度和流量，岸上人员采取抛绳包或救生绳救援方式，让被困者抓住绳包或救生绳，再由岸上人员将被困者拖带出拦水坝的翻滚流水域。

3. 坝上消防水带拦击

在坝堤上拉一道消防水带拦击水流，可以起到减少流量、减缓流速、减慢水坝下翻滚流速度的作用，方便被困者脱离沸腾线水域。

4. 挂上救生浮标或浮筒

在两岸之间的沸腾线上架设1条浮水救援主绳，主绳上每间隔一段距离（50~100 cm）挂上1排救生浮标或浮筒，配备一个救援团队，包括两岸主绳牵引手2人、确保手2人、观察手1人、指挥员1人。当有落水者需要救援时，两岸之间快速放下主绳，让救生浮标或浮筒浸入水中，当落水者抓住浮标或浮筒时，两岸确保手将主绳拉出沸腾线，避免落水者卷入沸腾线，并将其拖带至岸边或浅滩。

四、沸腾线岸上活饵救援

沸腾线岸上活饵救援是一项团队救援项目，可做到快速、安全和有效救援。救援人员必须穿戴专业救援装备，携带和快卸扣相连的牛尾绳的救援绳，通过游泳接近被困者并进行施救，在岸上其他救援人员的协助下，采取岸上活饵直接救援。

1. 救援团队组合

通常需要5人一组的救援团队。具体分工为岸上指挥员1人，救援手1~2人，岸上确保手1~2人，上游观察员1人或下游确保手1人。救援手根据现场情况选择最佳入水点，从岸上跳入水中，实施直接救援。

2. 动作要领

救援手穿着合格的急流救生衣，其足够的浮力可以解除救援手的后顾之忧。急流救生衣上的牛尾绳和抛绳包的绳头用"8"字结连接，救援手尽量缩短游泳距离，选择安全水域平跳式入水，采取攻击式游泳技术接近被救者，接近目标后，从侧面或背面抓住并控制住被救者，准备完毕后，向岸上发出"OK"的手势，岸上确保手接到信号后，将救援手和被救者从与下游呈45°角方向拉出沸腾线，拖带或以钟摆牵引方式使其脱离危险水域，直至靠岸、救援成功。（图4-7-1、图4-7-2）

图 4-7-1　岸上活饵救援出发　　　图 4-7-2　岸上活饵救援接近

3. 注意事项

因为水流方向会因水下地形而改变,救援手需要随时调整游泳方向和角度,始终向与上游呈约 45°角的方向游泳。

五、沸腾线舟艇活饵救援

沸腾线舟艇活饵救援是一项高风险和快速的团队救援项目。操桨手必须具备熟练驾驶 IRB 和定位的能力,救援手必须具备良好的游泳技能和勇敢精神,团队人员同心协力、团结一致、全力以赴地执行救援行动,在确保安全的前提下,完成救援任务。

(1) 救援团队组合:一般每组为 3~5 人。具体分工为操艇手(艇长)1 人,救援手(活饵救援人员)1~2 人,确保手(辅助救援人员)1~2 人;必要时可配备 2~3 组救援团队协作救援,确保救援人员安全,提高救援成功率。

(2) 技术要点:救援手必须穿合格的急流救生衣,携带救生绳且救生衣上牛尾锁连接安全绳,舟艇从下游顶流而上,到达分水线附近在水流中定位。艇头朝向上游水流顶流驾驶,艇始终控制在分水线外,避免舟艇被吸入沸腾线。急流救生衣上的牛尾锁和抛绳包绳头用"8"字结连接,救援手穿戴好后采取平跳式入水和攻击式游泳技术快速游向目标,确保手抓住绳包并根据现场情况缓慢地放绳。当救援手出发后,操艇手立即将艇调头,确保手将绳索上举离开水面,救援手从侧面或背面接近被困者,做好控制后,向艇上发出"OK"的手势或信号,并由确保手告知操艇手,快速地离开沸腾线,完成救援任务。

(3) 注意事项:艇上活饵救援需要艇上救援人员的配合,遇到水流危险等级较高时,需至少配置 2~3 艘救援艇合作救援。第一艘作为救援艇；第二艘作为协助救援和后勤保障艇；第三艘作为备用，以防止前面的救援艇发生意外事故，确保沸腾线舟艇活饵救援的成功率，保护活饵救援人员的安全。离开危险区域后，确保手开始收绳，把受困者、救援手提拉上艇再靠岸。（图 4-7-3、图 4-7-4）

图 4-7-3　沸腾线活饵救援接近　　　　图 4-7-4　沸腾线活饵救援控制

第八节　绳索救援

绳索救援是急流救援常用的技术之一，主要用于绳索横渡系统架设、孤岛、沙洲坝、锚点制作与固定、1/3 系统架设等绳索救援，涉及水面救援、高空垂降救援、"V"形和"T"形绳索架设等。通过绳索救援可完成涉水、游泳、舟艇等综合救援方式，提高急流救援的成功率。

一、绳结基本技术

绳结技术是急流绳索救援的基础。绳结约有百余种打法，本节仅介绍常用的 9 种绳结打法，主要用于绳索横渡系统架设、锚点制作与固定、绳索连接等绳结技术环节。

1. 单结

单结（图 4-8-1）是基本绳结，是构成绳结的基本元素，一般不单独使用，通常用来防止绳自孔中滑出或防止绳端松散，起到保护作用。

2. "8"字结

（1）单"8"字结：是"8"字结家族的基础，也是非常好用的绳端收尾结（图 4-8-2）。

(2)绳耳"8"字结：可以作为固定绳索末端的绳结，并能与救援绳索连接，可形成一个连接安全钩的绳环，绳结效率与绳环效率相同，为77%；绳索首尾相连时绳结效率为56%。

图 4-8-1　单结　　　　　　　图 4-8-2　单"8"字结

3. 布林结

布林结（图4-8-3）又叫称人结、腰结，可以在绳索的尾端制作稳固的绳圈，通常用在闭合构件（大石头、树木或柱子）上制作锚点，或者用于连接主锁，作为保护绳用，制作时必须用余绳打半结加固。绳结效率为67%。

4. 蝴蝶结

图 4-8-3　布林结

蝴蝶结（图4-8-4）通常用作受力支点，主要特点是可在绳索的中段任意位置制作绳结，确保2个或3个方向受力，而不会松开，绳结也不会变形，受力拉紧后还可以很轻松解开绳结。绳结效率与绳环效率相同，为77%；首尾相连时绳结效率为57%。

图 4-8-4　蝴蝶结

5. 双套结

双套结（图4-8-5）又称猪蹄扣，可以快速将绳扣入钩环，与锚点连接，其优点是可以在不需要解开绳结的情况下调整绳索位置，通常用来捆绑物体或连接锚点。先用绳索在横杆上连续缠绕两圈，然后在固定端再打个反手结。

6. 普鲁士抓结

普鲁士抓结（图 4-8-6）又称鸡爪扣、普鲁士拴扣，是首选的制动结或者摩擦结。不论向哪个方向拉拽普鲁士抓结，它都会紧紧地抓住绳索。在绳索附近做一个绳环，然后绕绳做一个双渔人结，并穿过绳环。从中间整理绳结，整体呈桥状，桥的两端在外侧。要解开绳结时，推动桥的两端，就可以松动绳结了。

图 4-8-5　双套结

图 4-8-6　普鲁士抓结

7. 双渔人结

双渔人结（图 4-8-7）是打普鲁士抓结绳环核心的绳结，是非常安全的自锁型绳结，承重后很难解开。当使用双渔人结连接两段绳子的时候，会形成非常牢固的绳结。双渔人结比"8"字结更容易通过滑轮。打结时，绳尾至少要留 5~7 cm。绳结效率为 68%。

图 4-8-7　双渔人结

8. 水结

水结（图 4-8-8）有时候也叫单索结或圆形索结，可以将两个织带的末端连在一起。绳结效率为 64%。

9. 无张力结

无张力结（图 4-8-9）是一种快速锚定且能够减少锚固定点处的绳结。在一个粗壮、表面不是很光滑的锚点上多绕几圈就可以做出无张力结。绳结效率为 100%。

图4-8-8 水结

图4-8-9 无张力结

二、锚点制作与固定

锚点制作与固定是绳索救援的关键技术。尽可能选择天然锚点，如大树、岩石、桥墩等，确保锚点的稳定性。如果救援现场没有天然固定点可以作为锚点，则要因地制宜创造条件架设人工固定锚点，如垒石法、打桩法、埋桩法或借助大型车辆等，作为绳索系统架设的一部分，实现简单、快速、安全的绳索救援。

1. 垒石法

利用堆积起来的石头制作固定锚点。为确保锚点的稳固性，使用垒石法时需要将一定重量的石头堆积在一起，才能有效地起到锚点的作用。（图4-8-10、图4-8-11）

图4-8-10 垒石法基石固定

图4-8-11 固定后受力测试

（1）锚点制作法：首先找一块长条形石块作为基石，将4 m长扁带环对折并绕过石头扣上主锁，将连接点置于长条石前方可见处，锚点方向应与河流至少呈45°角；选择两块较大石块堆于基石左右两侧，中间位置预留扁带使用通道。以此类推，垒石法中石块排列不少于四排。主要基石堆放完后，应寻找合适的小石块将缝隙填补充实，以增加石块之间的受力面积，从而达到稳固的目的。固定锚点制作完毕后，应在顶部堆叠几块小石头作为预警系统。

（2）受力测试：通常采取用 3～5 人拉力的方式，来判断和确定锚点的稳固性。

2. 打桩法

打桩法（图 4-8-12）是在救援现场打入尖桩作为固定锚点。若土壤适合插入尖桩并能保持尖桩牢固，可使用尖桩作为锚点固定点。松散的沙地或固体岩石都不适合使用打桩法。

（1）尖桩的选择：尖桩要能够承受远大于将要置于其上的力。应选择直径至少为 25 mm、长度为 120 cm，一边是平头、一边是尖头，适合打桩的钢钎。如果没有钢钎，则可以选择其他材料制作，如用木头、竹子替代。

（2）锚点制作：将钢钎打入地下约 80 cm 长，钢钎打入角度与地面呈 75°角左右，与垂直方向大致呈 15°角，钢钎应该向载重方向倾斜，三根尖桩钉成一字形排列，间隔距离约等于钢钎长度，受力方向与主绳受力方向一致。若系统需要承担两个人的重量，应使用 4 m 短绳或扁带将前一根尖桩的顶部与后一根尖桩的底部连接成圈，用短木棍或钢钎将绳圈绞紧。（图 4-8-13）

图 4-8-12　打桩法　　　　　图 4-8-13　打桩排列与固定

3. 埋桩法

类似于垒石法，将长木桩或石条埋入地下作为固定锚点，就是埋桩法（图 4-8-14）。

（1）锚点制作：选择与主绳受力方向一致的地点，挖 3 个或 3 个以上的深坑（一般深为 30~40 cm），再选择 3 根以上直径为 10 cm 以上、长度为 80~120 cm 的实木掩埋于坑内做地下桩；深坑的大小与所选预埋的实木相同，深坑间隔距离约为 60 cm。3 个深坑之间应预留与扁带宽度相同的连接通道，使用扁带将实木依次缠绕连接后，再埋入预先挖好的深坑内，用沙土将实木及扁带填埋后踩实；扁带受力时受力方向与木桩的夹角应为 15°。

图 4-8-14　埋桩法

（2）注意事项：应选择实木作为埋桩的材料，以增加牢固程度，连接实木的扁带需绑紧、扎实，而且受力方向与绳索一致。

三、绳索横渡系统架设

当无法进行水面救援时，可以架设绳索横渡系统实施横渡救援。绳索横渡系统架设可以选择多种方式相结合，以达到快速救援、安全救援和成功救援的目的，通常用于人员被困在孤岛、桥墩、沙洲坝等救援风险较高的环境。

1. 锚点选择

锚点主要用于绳索固定，需要强大的受力。锚点不牢固，就会使绳索救援无法进行，且在救援中一旦锚点脱落，会造成二次受伤和救援风险。

（1）首先应选择固定的建筑物制作锚点，如房子（其门框、窗户架）、大桥的桥墩等，支点牢固，不易脱落。

（2）其次可以选择天然的物体制作锚点，如山上的石头或树木、竹子等根系发达的天然植物，利于锚点稳定和牢固。

（3）再次可以选择交通工具制作锚点，如重型汽车、拖车、船舶等，借助车辆或船的重量，为绳索架设提供支点。

（4）最后才选择人工制作锚点，如打桩法、埋桩法、垒石法等，创造性地制作固定锚点，为绳索系统架设服务。

2. 保护站制作

（1）双环法：用双股扁带缠绕固定物两圈后，末端用水结连接，采用"绕2拉2"的方法，使其成型或用编带环直接绕过固定物后连接勾环。（图4-8-15）

（2）"绕3拉2"法：用扁带缠绕固定物3圈后，末端用水结连接，采用"绕3拉2"的方法，使其成型。（图4-8-16）

图 4-8-15 双环法

图 4-8-16 "绕3拉2"法

四、绳索横渡系统架设人员救援

通过架设绳索横渡系统，快速地实现人员脱困和转移的目的。

（1）目的：帮助救援人员或装备物品快速穿越河道到达对岸，或快速抵达河中沙洲对被困者进行救援。

（2）救援装备：2条4 m长的扁带、1条够长的水面漂浮救生绳、2个滑轮、4把主锁、2条抓结绳。

（3）人员配备：包括指挥人员、安全人员、救援人员、上游观察人员、下游拦截人员。

（4）救援技术：由救援人员利用抛绳包、抛投器、无人机投送或人员游泳横渡等方式，将辅绳送至对岸，再利用辅绳连接水面漂浮救生绳（主绳）并将其送至对岸。

① 水面漂浮救生绳放置要往上游寻找固定架设点，与水流呈45°角并经过下游救援点，水面漂浮救生绳离水面距离约30 cm，利用1/3省力系统收紧主绳（图4-8-17）。

② 主绳收紧后，救援人员利用急流救生衣上的快卸系统牛尾锁钩在横渡绳上，以确保式游泳技术借助水流推力顺绳索方向朝对岸横渡。

③ 救援人员如需将对岸被困者救回到出发点，需另寻找天然锚点或者利用前面所述的锚点制作方法，分别在两岸制作锚点，在与水流方向呈45°角方向再拉一条主绳，对岸为上游、自己所在的岸为下游，并利用1/3省力系统进行紧绳，利用水流的力量，把穿着救生衣的被困者通过架设的横渡绳索送向出发点。

图 4-8-17　利用1/3省力系统收紧主绳

图 4-8-18　横渡系统架设

（5）单人横渡和双人横渡：单人横渡（图 4-8-19）是为了到对岸实施救援。双人横渡（图 4-8-20）是为了救援完成返回出发点。救援时必须给被救者穿上急流救生衣。绳索架设点要非常坚固，能够支撑超出一倍的负荷，可以用5个人的力量去测试，以拉不动锚点为准。

图 4-8-19　单人横渡

图 4-8-20　双人横渡

五、绳索横渡系统架设舟艇救援

利用架设绳索横渡系统与舟艇救援相结合，可以实现快速救援、转移受灾群众的目的（图 4-8-21）。

（1）目的：用于多人受困于急流之中的救援。

（2）救援装备：由甲岸牵引两条绳索至乙岸，第一条绳索找略斜固定点架设并挂上滑轮、锁和分力板，第二条绳索和分力板相连装滑轮组并连上第三条确保绳,再将第二条绳拉回甲岸并挂到舟艇上,控制舟艇平衡(图 4-8-22)。

(3)救援方式:利用第二、三条绳索来回牵动,将溺水者依次救回甲岸。

(4)在必要的情况下,如溺水者处于无意识状态,救援人员需登艇,并利用划桨协助救援。

图 4-8-21　绳索横渡系统架设舟艇救援

图 4-8-22　舟艇平衡控制

六、"T"形绳索系统架设舟艇救援

"T"形绳索系统架设,可用于绳索与舟艇结合救援。舟艇是个可移动的控制点,可在跨越河流的横渡绳上滑动,横渡绳略微向下游倾斜,牵引绳控制舟艇在水流中的左右移动,穿过下面滑轮的绳索使舟艇可以向上游或下游移动。

1. 架设要点

该方法使用拉紧的斜横渡绳和两根牵引绳,使橡皮艇从一岸移到另一岸。

2. 架设方法

救援人员在上游利用绳索横渡系统架设横渡绳,在横渡绳上挂上滑轮、锁、分力板。在分力板上挂上左右牵引绳和提吊绳,一边可以收绳和释放绳索,另一边在释放绳上挂上滑轮、锁和充气艇连接。(图 4-8-23)

3. 救援方式

借助"T"形绳索系统,将舟艇的艇头绳挂在横渡绳上,利用艇的动力和绳索形成合力,在两岸之间移动,执行救援任务。(图 4-8-24)

图 4-8-23　"T"形绳索系统架设　　图 4-8-24　"T"形绳索系统架设舟艇救援

七、绳索横渡系统救援流程

绳索横渡系统是横渡救援的核心技术，根据不同距离和环境，确保急流水域两岸救援，可以为充气式机械动力艇救援、抛绳包（袋）救援、水中拦截救援等提供帮助。在人员被困孤岛、水流湍急、水上舟艇调集慢且救援风险高时可使用绳索横渡系统救援。绳索横渡系统救援（图 4-8-25）的操作步骤、规范和流程如下：

图 4-8-25　绳索横渡系统救援

1. 准备工作

先锋主攻员（A）：准备先锋救援全套装备、个人装备、三角吊带。

保护站控制员（B）：系好安全带，戴好水域救援头盔，准备 2 套保护站器材。

装备员（C）：整理准备红色主保护绳、蓝色副保护绳、白色牵引绳；将 1 根红色主保护绳绳头做意大利半扣（一种常用作顶绳确保的非闭合绳结）锁尾，并挂一把主锁后交给 A；将白色牵引绳绳头做"8"字结，挂入一把主锁后交给 A；将蓝色副保护绳一端打单"8"字结并连接一把主锁备用。

抛投员（D）：准备抛绳包（袋）及抛投枪；或准备无人机及牵引绳索为后续救援备用。

指挥员（E）：统领全局。

2. 抛投

D进行抛投或者无人机牵引，C辅助连接牵引绳与副保护绳，被困者接到抛投的牵引绳后将副保护绳绕过一个固定点并将主锁扣入主保护绳。

B架设副保护站，并将副保护绳挂入下降器，协调C、D对副保护绳进行紧绳。

E检查系统及副保护绳收紧情况。

A在主保护绳上连接并排双滑轮，携带主保护绳和牵引绳绳头先横渡至被困人员处。

B将主保护绳挂入主保护站的下降器。

C对牵引绳绳头进行固定。

3. 救援

A到达被困者位置，做好自我保护后，在横渡绳上方架设1处保护站，连接主保护绳，做准备完毕手势。

E下达指令，B、C、D共同收紧主保护绳，形成双绳导轨系统。

A将并排双滑轮装入主保护绳和牵引绳，将牵引绳中部连接至双滑轮上；为被困者穿戴三角吊带，检查系统连接，做准备完毕手势；E指挥C操作牵引绳将被困者牵引横渡至安全区域，如需运送多人，则A和C相互操作牵引绳往复来回。

4. 系统回收

将所有被困者运送至安全地带后，A做放松系统手势。所有人按准备开始时分工将所有装备回收。

E通知B放松主保护绳。

A将主保护绳及主保护站拆除，A将主保护绳扣入副保护绳的主锁内，将并排双滑轮拆除；A将自身通过短连接与副保护绳相连，将牵引绳连接到保护环。

C通过牵引绳将A拖曳回安全地点。

B将副保护绳解除。

C拖动主保护绳，将副保护绳收回，并收回其他装备。

八、桥上垂降救援

桥上垂降救援就是利用绳索和下降器的摩擦力,有控制地按一定速度沿着绳索下降,以到达水上被困人员处,运输物品和实施救援的技术,是急流救援中不可缺少的一个技术环节。

1. 救援准备

当溺水者由急流上游漂流而下时,救援人员在下游桥梁寻找固定绳索的锚点,锚点可以是车轮或桥的一个坚固点。救援人员下降之前,保护人员应检查装备和锚点是否坚固。检查绳索和锚后,将主绳放置于桥梁边缘利用绳索保护装备做好防磨绳工作,抛绳后主绳绳尾离水面2 m时,将绳收紧固定。救援人员将自己的"8"字下降器和保护措施安装到位。

2. 个人装备

个人装备主要包括主锁、"8"字下降器、静力绳、扁带、护绳套、半身安全带、水域救援头盔、水域救援手套。

3. 垂降救援技术

使用垂降救援技术前,须对天气、水域环境、人员技术及装备等因素进行评估。准备就绪后,将保护措施打开,准备垂降。(图4-8-26~图4-8-28)

图 4-8-26 桥上下降一

图 4-8-27 桥上下降二

图 4-8-28 垂降救援

垂降时,救援人员双膝微屈,待掌握好平衡后再缓慢放绳,向下移动过程中要保持身体垂降坐姿状态,双脚分开并放松垂直,左手为操作手，握住上方工作绳保持身体平衡，右手为控制手，握住工作绳并放于右侧腰际，下降时头部向右略转45°，视线从右肩向下观察下降过程中的障碍和水中的救援目标；救援小组协助救援人员，观察判断溺水者动向，并抓好入水时机拦截溺水者。进入水中后迅速抓住溺水者，沿与水流呈45°角将溺水者带至岸边。

4. 垂降救援模拟练习

垂降救援技术依赖于绳索固定点、装备器材和熟练的技巧等。下降速度不应过快，防止摩擦力发热损坏装备和绳索；在空中悬停时间较长时要锁定"8"字下降器。（图4-8-29～图4-8-32）

图 4-8-29　垂降训练一

图 4-8-30　垂降训练二

图 4-8-31　垂降训练三

图 4-8-32　模拟人固定

仔细检查评估垂降系统，包括钩环端索、下降器、安全吊带、水域救援头盔、水域救援手套等基本装备的选择，以及垂降固定点、垂降高度及速度等要素。

第九节　城市内涝救援

城市内涝是洪涝灾害的一种形式，若上游城市因洪灾导致堤坝决堤，下游市内的排水设施跟不上积水的排放，会导致下游城市内部水位上涨，直至淹没公路、平房、桥梁等基础设施，大量汽车浸泡在洪水或积水中等。（图 4-9-1）。

图 4-9-1　某城市内涝情景

一、城市内涝救援基本原则与洪涝灾害的预防措施

1. 基本原则

（1）安全第一、预防为主、全力抢险、防范未然。

（2）配备专业救援装备，以团队救援优先，以器材救援为主。

（3）服从命令听指挥，积极参与统一的救援行动。

（4）全面规划，统筹兼顾，综合救援，服从全局利益。

（5）以政府救援为主、民间救援力量为辅，互相协作，共同救灾。

2. 洪涝灾害的预防措施

预防可以降低洪涝灾害发生的可能性，减少损失，避免重大灾害事故发生。

（1）平时要保护好大自然的生态环境，山上、平原要多绿化，提高植被覆盖率，禁止乱砍滥伐，从根源上预防洪水灾害的发生。

（2）加强河道疏通和水库堤坝整治，推行水土保护，加固堤坝和周围泥土，防止水土流失，从根本上减少洪水灾害的发生。

（3）建立防汛抢险的应急体系，做好安全预案，危险来临前，应按照预定路线，有组织地向山坡、高地等处转移危险人群；一旦遭受洪水袭击，应充分利用舟艇、木排、门板、木床等，做水上转移，减轻洪涝灾害所造成的损失。

（4）加强防灾、减灾知识宣传教育，关注汛期的洪水预警信号与警报，服从政府统一安排，当洪水到达而无法转移时，尽可能选择屋顶、高楼、大树、高墙等环境做暂时避险，及时避难，等待救援，减少损失。

（5）在危房或低洼地居住的居民，应做好安全预案，加固或抬高防水基础，在洪水到来之前，进行自救和防洪工作，必要时选择最佳路线撤离，明确撤离的路线和目的地，转移到高处或避难所，避免被困或被淹。

（6）配备通信设备，以备紧急求救和联系之用。将手机和充电宝充满电，随时了解各种相关信息。准备手电筒、蜡烛、打火机，防止停电后视物不清，供照明使用。备足食品、饮用水、生活日用品和保暖用品。

（7）洪涝灾害期间，要预防流行病和传染病的发生，准备一些常用的治疗感冒、痢疾、皮肤感染等的药品，避免接触水源污染的环境，做好卫生防疫工作。

二、城市内涝救援流程

城市内涝救援是一项庞大的系统工程，需要动员全社会共同参与救援，涉及众多政府职能部门和单位，是一项艰巨的社会任务和综合性团队救援行动。其救援体系和运作程序包括灾前备勤、灾情信息侦察、建立救援指导体系、制订救援方案和应急预案、组织现场救援和灾后处理等。

救援指挥部根据现场实际情况，安排救援工作的先后次序和组织救援行动。

1. 灾前备勤

根据当地政府一级指挥部发布的灾情信息和救灾命令，各应急救援队应立即组织备勤，及时向有关部门咨询灾情现状和发展趋势，检查应急救援车辆、橡皮艇、冲锋舟、桨板、绳索等救援装备，配备个人安全装备，采购食品、药物、饮用水等物资，制订救援方案和应急预案，时刻准备救援行动。

2. 灾情信息侦察

灾情信息侦察是开展救援工作的基础。救援队可运用人工搜救、直升机、无人机对受灾地的空中、山地、水上，以及倒塌的房屋进行灾情侦察，并通过系统数字化平台、救灾指挥部、通信指挥车、电台、对讲机、无人机等及时传送灾情信息，为开展救灾救援工作提供决策依据。救援队到达现场后，还需要立即侦察灾情、评估现场救援风险。

3. 建立救援指挥体系

成立指挥部、"110"指挥中心和"120"急救中心，根据灾情进行现场指挥，调度救援队伍和分配救援力量，发布救援信息，组织救援队伍有条不紊地开展救援工作。

4. 制订救援方案和应急预案

根据灾害类别、救援风险，配备不同的救援力量；结合救援现场侦察获得的信息，根据受灾范围、灾害复杂情况和危险程度，制订救援方案和应急预案。

（1）要根据灾情现状与发展趋势，统一分配救援力量。各救援队要分工与协作，防止出现资源浪费和救援力量不足现象。

（2）突出重点人群和重灾区救援，按照先重后轻、先难后易的原则，确保救援队在有组织、有领导的情况下开展救援工作，协助政府完成救援任务。

（3）要保障老弱病残孕等弱势群体的救助；救援工作需要全面协调和共同参与，确保生命安全和财产安全，以及救援物资得到及时顺畅的运输和转移。

5. 确保安全防护

根据救援危险程度、范围和风险评估，参与救援的队伍必须穿戴专业的个人安全装备，携带救援器材和工具，遵守安全操作规范和流程。

（1）加强安全意识：安全重于一切，生命至上。使救援行动始终处于安全保障之中，避免和化解救援中的危险因素，降低救援风险。

（2）铭记安全责任：确保自身和同伴的安全，做到"平安而去、平安而归"。

（3）配备安全装备：配备专业的救援装备和器材，避免救援风险和死亡威胁。

（4）做好安全措施：选择快速、简单、安全的救援手段和方法；做好后勤保障措施，有备无患，确保救援的成功率；制订救援预案，做到有的放矢，防患于未然。

6. 现场警戒

根据灾情的范围和变化情况，提供安全保障。现场警戒是对救援现场及周边受影响区域的警戒，可随时调整和确定救援行动。

（1）救援现场实时监控：做好电力、窨井盖、下水道等环境的现场警戒，特别要做好"漏电"测试，确保救援人员进入救援环境是安全的，做好自我保护，避免风险。

（2）重大险情安全警戒：根据救援范围大小、救援力量、水流条件和危险程度，划分警戒区进行全程监控和警戒。

（3）设立警戒标志和警告牌：在醒目位置设立安全警戒标志和警告牌，发现有违规行为，应及时制止和控制。

（4）禁止攀爬带电的电线杆、铁塔，发现高压线铁塔倾斜或者电线断头下垂时，一定要迅速躲避，防止直接触电。

7. 现场救援

现场救援涉及各类人群、各种风险因素和环境。城市内涝救援主要是搜救被困人员、转移受灾群众的现场救援。

（1）帮助受灾群众开展正常、有序、安全的自救、互救工作，达到快速、安全救援的目的。

（2）迅速组织群众向就近的山坡、高地、楼房和避难所等地转移，确保受灾群众的生命安全，减少损失。

（3）及时转移老弱病残孕等弱势群体，确保其脱离险境。

（4）遇到灾情严重、救援力量不足时，及时与当地政府防汛部门取得联系，报告自己的方位和险情，寻求其他救援队的帮助。

8. 现场组织管理

城市内涝灾情严重时，参与救援的队伍通常有几十支甚至几百支，涉及水上救援、医疗救援、心理救援、城市搜救、运输、公共卫生、大众卫生等救援队伍。如何协调和组织现场救援，是一项十分重要的工作，应引起社会应急救援力量队伍的重视。

（1）社会应急救援力量到达现场后，首先要与当地政府、应急救援部门指挥部取得联络，以得到支持和帮助。咨询灾情和水域情况，尽可能到现场对灾情进行专业的风险评估。

（2）根据政府发布的灾情信息和命令，协同当地驻军、消防、武警、公安、专业救援队和社会民间救援力量，在救援指挥部的统一领导下，分工协作和分区域实施救援。

（3）救援队通过无人机、电视或卫星电话，向外界发布求救信息，保持交流畅通，明确分工，组织力量进行搜寻和救援。

（4）加固危房，修理树枝，拆卸广告牌、霓虹灯，疏通排水管道，疏散低洼地区群众，降低人员受灾风险；抢收蔬菜、瓜果和粮食，减少经济损失。

（5）确保救援人员自身安全。配备个人安全装备和救援器材，选择安全、快速、有效的救援方式，如岸上救援、涉水或游泳救援、舟艇救援、绳索救援、潜水打捞等救援方法。在上游设置观察员，及时发出救援和警示信号，在下游位置配备安全员，协助救援工作，确保救援人员安全。

9. 灾后处理

及时做好心理救助，疏导灾民因灾害导致亲人离去、财产损失而引发的强烈情绪反应，避免其产生无力感、挫败感、脆弱感和负疚感，出现恐惧症、焦虑症等各种心理问题。

做好各项卫生防疫工作，预防疫病的流行；整理救援器材、收队和灾后重建等。

三、城市内涝救援行动

服从救援指挥部的统一指挥，配备专业的救援装备和器材，参与团队救援，禁止擅自个人行动。

1. 分工与协作

救援组一般设有组长（指挥员）、观察员、救援人员和确保人员。根据观察和收集的情报，在组长的统一指挥下，救援人员负责救援，确保人员做好安全防护。行动涉及队伍整合、抢险救援、医疗救护、灾后重建等多方面，为避免行动混乱，需要统一指挥，合理分工，布置救援任务。（图4-9-2、图4-9-3）

图4-9-2　救援现场组织

图4-9-3　救援分工与协作

2. 现场评估

城市内涝灾情复杂，灾情面广、点多，参与救援人员多，主要表现为道路积水、交通中断、地铁进水、机场停航、商店进水、民居危房倒塌等（图4-9-4）。救援行动前，首先要进行灾情评估（图4-9-5），摸清水域情况，选择安全、简单、快速的救援方式，不会游泳者禁止下水救援，而后针对灾情实施搜救与转移等环节。

图4-9-4　灾情状况

图4-9-5　灾情评估

3. 搜救与险情排除

根据不同的救援现场环境，采取无人机、直升机和人工侦察，搜救和险情排除等现场救援行动。

（1）遵循先救助弱势群体的原则，实施先近后远、先水面后水下、先伤员后死者的顺序，尽快搜救被困、遇险人员。（图4-9-6）

（2）利用桨板、舟艇等救援器材，快速解救被困人员，转移受灾群众，把伤员送往医院抢救和治疗。

（3）疏通下水道和泄洪道，快速排除浸泡、淹没水中的汽车（图4-9-7）、船舶中有无被困人员，必要时进行破拆和搬离。

图 4-9-6　屋内搜救

图 4-9-7　淹没水中的汽车

城市内涝灾情危害大、受灾面积大、受灾人群广，有时人员伤亡多，需要转移和脱困的群众多，存在专业的救援队伍和人员缺乏、救援器材不足的问题。一旦安全预警和疏散不力，会造成重大的经济损失和人员伤亡事件。

4. 警戒

合理划定警戒区域，设置安全警示标志和人员值勤；确保救援区域安全和救援工作正常开展。

协调相关部门和救援队共同应对道路交通管制，禁止一切与救援无关的车辆、船舶、人员进入救援区域，确保救援道路畅通、水道安全，便于救援装备和器材快速进入救援现场。

加强救援现场、水域上游及下游环境实时监控，必要时采取停电、禁火或停水等安全措施。

5. 转移受灾群众

若受长时间的暴雨侵袭，城市内涝受灾现场容易引发其他次生灾害，如洪水入侵、海水倒灌、导致河水猛涨，整个城市被淹，造成房屋倒塌、高空坠物、泥石流等，进而引发创伤性休克、触电或溺水死亡、突发性疾病等各类事故。应根据灾情，迅速将受灾群众转移到安全地区妥善安置。（图4-9-8、图4-9-9）。

图4-9-8　将受灾群众从危房转移　　　图4-9-9　将受灾群众转移到艇上

6. 涉水救援

涉水救援要请求指挥部统一关闭救援区域的电源，遇见水中有电线，尽量避开，防止发生触电事故。

涉水救援可采用橡皮艇和桨板实施，有单人、双人和多人方式，以规避风险、便于互相协作。若水面宽泛，可以使用橡皮艇或IRB救援；若水道窄小，可使用桨板救援。（图4-9-10、图4-9-11）

图4-9-10　橡皮艇涉水救援　　　图4-9-11　桨板涉水救援

（1）桨板救援。

桨板重量轻，搬运和携带方便，浮力大，可以承担3~5人的重量，主要用于狭窄小巷运输和浅水区受灾群众转移。（图4-9-12、图4-9-13）

图 4-9-12 桨板救援控制

图 4-9-13 桨板运输

(2) 橡皮艇救援。

橡皮艇属于无机械动力艇,可以用桨或手进行划行。充气后即可安装使用,可以人工或机械搬运。其运输和承载量大,可同时运载 6~8 人,适用于城市内涝受灾群众转移和水上救援。(图 4-9-14、图 4-9-15)

图 4-9-14 橡皮艇涉水运输

图 4-9-15 橡皮艇划桨运输

(3) IRB 救援。

在城市内涝救援中,IRB 速度快、操作灵活、安全性好,可以作为长距离或危险水域救援工具,也可以作为孤岛救援、漩涡流和沸腾线等特殊水域救援工具。(图 4-9-16、图 4-9-17)

① 在执行水上救援任务前,救援队队长应该事先对救援水域进行风险评估,检查 IRB 油箱、附件和安全装备准备情况,每 2 艘艇编为一组,配备驾驶员和救生员各 1 名。一艘为救援艇,另一艘做确保,互相配合和互相支援,严禁单艇单独行动。

图 4-9-16　IRB 快速救援　　　　图 4-9-17　IRB 救援与运输

② 充分利用对讲机、旗语、灯光等手段，统一通信联络方式。驾驶员要时刻注意观察员发出的指令，并做到"会听，会看，会预判"，最大限度地保证救援人员和群众的生命安全。

③ 在抗洪抢险救援中，IRB 是转移被困群众、搜救落水人员和运送物资的最佳救援器材。

④ 遇到水流湍急水域的孤岛救援，受灾群众被困孤岛或房屋时，应配备 2 艘艇编为一组，驾驶 IRB 快速地实施救援，可以互相之间协作，确保舟艇救援和受灾群众转移的安全，严禁超载，防止发生倾覆或沉没事故。

7. 应急救援车救援

应急救援车（图 4-9-18、图 4-9-19）是各救援队配备的专门运输工具，具备一定的越野能力，装载常用的各种类型的救援装备及器材，可以运载 3~5 人的救援团队快速抵达灾区。

图 4-9-18　应急救援车外观　　　　图 4-9-19　应急救援车内部

（1）结构简介：车厢内可以装载救援队员、IRB 船外机、救援绳索、无人机设备、个人救援装备等；车顶可以装载橡皮艇、桨板等救援器材。

（2）功能：快速运输救援队伍参与现场救援，携带常用的救援装备和器材，提供救援设备和供电。

（3）适用范围：适用长距离水上救援运输，尤其是户外、急流、海滩、洪涝灾害和城市救援的运输行动。

8. 抛绳枪辅助救援

当救援环境需要架设绳索横渡系统，而无法通过舟艇、游泳到达对岸或救援地点时，选择抛绳枪实施水上救援是一种快速和安全的好方法。

抛绳枪（又称绳索发射枪）是投送救援绳索的装置，一般使用压缩空气为动力，抛投距离一般为 50~200 m。当救援人员受环境限制，需要架设绳索横渡系统，且目标距离较远时，可使用抛绳枪快速架设绳索横渡系统。（图 4-9-20、图 4-9-21）

图 4-9-20　抛绳枪

图 4-9-21　抛绳枪套装

（1）种类：种类较多，价格不一，如火箭抛绳枪、远距离便捷式抛绳枪、船用抛绳枪、岸用抛绳枪、水陆两用抛绳枪等。

（2）功能：抛绳枪可作为船对船、船对岸、高楼和山涧的抛绳救援使用。重量轻，携带方便，发射便捷简单，抛射目标的准确率高，抛绳尺寸为直径 3 mm，长度 120 m，抛绳拉力不小于 2 000 N。可根据不同救援目的选择抛射不同救援弹，在水上使用时抛射自动充气救生圈，可达到救援效果；在陆地上使用时使用抛绳枪可将绳索发射到较远距离的对岸或孤岛上。

（3）适用范围：当舟艇与游泳无法完成水上救援时，抛绳枪可用于重大灾害救援和受灾群众转移架设绳索横渡系统，具体操作方法可参照抛绳枪使用说明书。

① 水上救生：适用于河边、湖边、江边和海边等复杂救援场所，可实现短距离水上救援。

② 陆上救援：可供民用、警用、军用、消防等救援活动及适用于船对船、船对岸、高楼或山涧等救援场合的抛绳作业。

9. 气垫船救援

气垫船（又称水陆两栖气垫船），在现代水上救援开始应用，并收到良好的效果。

（1）结构简介：气垫船的动力系统主要由垫升动力系统和推进动力系统两部分组成，最大速度可达 80 km/h，越障高度一般在 0.2 m 到 1 m 之间，能够前进、倒退、悬停、漂移、刹车、原地 180° 转向和 360° 旋转。（图 4-9-22、图 4-9-23）

图 4-9-22　水上救援气垫船

图 4-9-23　全垫升气垫船

（2）性能特点：在抗击台风、抢险救灾中，气垫船具有明显的优势。

① 在恶劣的环境条件下，道路损毁、交通中断，一般的救援车和舟艇均无法通行，而气垫船不受地形限制，可及时、快速地赶往救援现场。

② 在救援中，气垫船可以悬浮在水面、地面，有利于救灾工作的实施。

③ 气垫船一般不受水域环境的限制。

（3）适用范围：气垫船适用于水面、海滩、滩涂、沼泽和湿地等水域环境救援，尤其适用于在滩涂、水面和沼泽等复杂环境的城市内涝水上救援。

（4）气垫船救援流程如下。

① 救援前准备：启动气垫船发动机，检查各种仪表和设备。穿戴个人安全装备。沿目标路线，从陆地或水面前进，快速到达救援现场。

② 现场救援：到达救援现场，控制气垫船的平衡，保持安全救援距离；然后救援人员按照规范流程，对被困者实施救援。

救援水中、滩涂、沼泽或湿地被困者时，救援人员可以将气垫船停在较远的地方，使用救援器材实施间接或直接救援。

③ 救援后：救援任务完成返回驻地后，首先要清洗气垫船，整理相关器材和装备，选择安全的路线快速返回安全区域进行后续处理。

10. 无人机辅助救援

无人机全称为"无人驾驶飞行器"，是利用无线电遥控设备和自备的程序控制装置操纵的无人驾驶飞机。无人机涉及传感器技术、通信技术、信息处理技术、智能控制技术及航空动力推进技术等，是信息时代的高科技产品。

（1）分类：无人机按飞行平台构型可分为固定翼无人机（图4-9-24）、多旋翼无人机（图4-9-25）、直升无人机、其他无人机等；根据用途可分为民用无人机和军用无人机两大类。

① 固定翼无人机：主要由机体结构、航电系统、动力系统、起降系统和地面控制站系统五部分组成。

② 多旋翼无人机：主要由机架机身、动力系统、飞行控制系统、遥控系统、辅助设备系统五部分组成。

图 4-9-24　固定翼无人机

图 4-9-25　多旋翼无人机

(2)性能特点：无人机具有搜救视野广阔、定位精确等优势，具备航拍、指挥、通信、定位导航、运输和空中悬停投放功能，有助于快速制订救援方案、计划和应急预案，指挥现场救援行动和提供后勤保障。

① 侦察与监控功能：城市内涝救援范围广、距离远、水面环境复杂，无人机在空中搜救视野广阔，定位精确，可起到侦察作用，为水上救援提供装备投放、空中喊话、探照灯、夜航灯、扩展作业范围等方面的帮助。

② 拍摄和遥控指挥功能：无人机是一项重要的辅助救援工具，有助于快速拍摄救援现场情景，为指挥部制订救援方案、计划和应急预案提供资料，也可以遥控指挥现场救援行动，提供后勤保障，提高救援的准确性，提升救援效果。

③ 运输和空中悬停投放功能：一架载荷30 kg的无人机，基本能满足水上救援器材和食品物资的输送要求，可弥补水上舟艇无法接近的运输问题。可以在水面上空悬停投放必要的救生装备、食物和医疗用品，为救援行动提供更多时间、空间上的准备。(图4-9-26)

图4-9-26　无人机空中悬停投放

④ 搜寻与跟踪功能：无人机具备强大的搜寻和跟踪功能，其热成像原理可以对水中或水下目标进行搜救和跟踪，可以极大地节省搜寻时间和减小跟踪难度，为水上救援提供很大帮助，使救援人员能够准确地潜水搜救，并成功地救起落水失踪人员，极大地提高救援效率和成功率。

⑤ 无人机辅助救援：当被困人员离岸边较远，水流湍急，舟艇等难以到达，水面救援无法完成时，借助无人机辅助救援可以提高救援的安全性和准确性。

(3)适用范围：各种水域和冰面救援的侦察、视频传输、指挥系统的语音播放、救援实战中的运输和投放等。

① 可以使用无人机进行现场侦察，通过无线信号传输到指挥部，然后研判决定采取何种救援方法。

② 可以定点运送救生浮具，如救生圈、救生衣、救生浮标等，为被困人员提供救生工具，确保其在水中能安全地等待救援、自救或漂流至安全区域。

③ 可以运送绳索架设装备和器材，选择绳索救援方式，安全地完成救援任务。

11. 直升机救援

直升机常用于长距离救援、急流救援、孤岛救援和水域被困人员救援，当常规水域救援器材无法实施救援时，使用直升机救援，可以扩大救援范围，确保救援成功率。

当遇到被困人员离岸边较远，水流湍急，舟艇无法到达，其他救援方法难以实施时，选择直升机辅助救援是一个好办法。直升机作为运输工具，可以将救援器材、个人安全装备运送到被困人员位置空投下去；同时，可以将救援人员输送到救援现场，从直升机上垂降到水面或孤岛上，帮助被困人员逃生或摆脱困境。（图 4-9-27、图 4-9-28）

图 4-9-27　直升运输机

图 4-9-28　直升机救援

性能特点：直升机是现代重大灾害事件搜救、运输和救援中最快速、有效的专业救援工具，具备空中立体救援功能。特别是遇到重大海难、急流危险事故时，直升机可以不受海浪、急流的影响，快速地将远离岸边的岛礁、沉船、孤岛上的被困人员和伤员运送到医院抢救和治疗，提高救援成功率。利用空中救援方式快速到达现场实施搜索救援、物资运送、空中指挥等，有利于提高救援的成功率，是世界上普遍采用的快速应急救援工具。

直升机救援是应急救援体系的重要组成部分，在运输救援人员、救援器材和转移伤员方面优势明显。直升机在水上救援中主要起运输作用，仅作为辅助设备之一。

直升机必须由专业驾驶员操作和控制，救援队员主要协助机组人员完成救援任务。救援人员应互相配合和协调，熟悉整个操作流程和规范，掌握各项救援技术的操作方法、程序、步骤和能力。

直升机参与水上救援最常用的方式是投送救援人员，悬停在溺水者上空（一般为20~50 m），放下绳梯、吊绳和吊篮，由救援人员将溺水者控制后装入吊篮，提升到直升机吊舱，完成救援任务后，返回基地或医院抢救。

① 直升机救援具有时间快、效率高的特点，能够在最短的时间内转运危险区域的被困人员，快速实现伤员紧急转运救治，有效减少人员伤亡。

② 直升机救援一般配备1名绞车手、1名救援人员、2名医护人员，在患者紧急救援过程中，可以抓住"黄金一小时"，开展空中紧急转运救治。

③ 通过绞车手与机长的配合，快速下放救援人员；救援人员使用快速救援带，用单套救援的方式将伤员进行固定，并向绞车手发出信号；绞车手通过绞车进行快速吊救，成功地将伤员护送至机舱。

④ 利用快速救援设备和担架，对伤员进行简单救治和固定，然后利用绞车，由救援人员将伤员护送至机舱内后，由随机医护人员借助专门医疗设备对伤员进行进一步治疗。随后，将伤员直接运至就近野战医院或医疗机构进行救治。

⑤ 直升机上一般配备有适航认证的专用医疗设备，包含除颤监护仪、呼吸机、注射泵、吸引器、高压氧气瓶等，可以同时转运多人和容纳多个医疗救援担架。

12. 水下打捞

水下打捞是指因洪涝灾害或其他突发情况导致群众溺水，利用声呐、水下机器人、潜水员对溺水者进行救援的方式。

（1）先出发的是声呐探测小组。借助高精度图像声呐仪，利用声波对水下的物体，包括人、船、车、地形等进行探测搜索。对比传统潜水员的探摸方式，声呐探测具有速度更快、范围更广、效率更高等特点。

（2）声呐探测小组前往目击者提供区域开展声呐探测工作，确定目标后做好定位并把声呐图片及水域数据传回指挥部。

（3）声呐探测小组确定溺水者位置后，撤回待命，潜水打捞小组立刻前往定位点开展打捞作业。

声呐探测能把水下的环境高质量地展示出来，能有效降低水下打捞的风险，潜水打捞小组根据声呐探测的结果，可以较准确地锁定水下目标，提高打捞时效。水下对讲系统可以实现地面与水下、水下与水下即时通话，一方面，有利于指挥部及时掌握水下信息，进行决策指挥；另一方面，有利于潜水员安全高效找到目标。

潜水打捞对潜水员的心理素质要求非常高，潜水员必须具备在黑暗的水下直面溺亡者的心理承受能力，以确保顺利完成水下打捞任务。

思考题

1. 简述急流水域的特点与风险管控。
2. 简述活饵救援在急流救援中的功能与作用。
3. 简述沸腾线救援方式与安全注意事项。
4. 急流中流速、流量与风险的关系是什么？
5. 简述垒石法、埋桩法和打桩法的区别与使用方法。
6. 常见的急流风险水流有哪些？
7. 橡皮艇搬运技术有哪些？
8. 橡皮艇操艇技术与分工合作应注意哪些问题？
9. 洪涝灾害的特点有哪些？
10. 城市内涝救援的装备与器材主要有哪些？

第五章
海上救援

◇ **本章学习目标**

了解海上救援的特点及潮汐、潮流和海流等基础知识；充分认识海洋环境的特殊性及其对救援行动的影响；掌握滩涂救援、浮标游泳救援、借浪救援、海浪救生板救援、橡皮艇救援、机动冲锋舟救援等海上救援相关技术。

第一节　海上救援概述

海岛观光旅游、海钓、海岛野外生存、渔家乐、海滨浴场、皮艇冲浪等项目，是现代人追求和向往的。但一旦海上出现大风、大浪、离岸流或沿岸流，参与这些项目就会存在着巨大安全隐患，随时威胁着海上人员的生命安全。因此，认识潮汐、风浪、海流的变化，可控制救援风险和确保自身安全。

海上救援分为已开发的海上活动和人工海滩的海滨浴场、渔家乐、码头、人工岛礁等环境下的救援，以及未开发或非开放性自然海滩、滩涂、沙滩、礁石、孤岛环境下的救援。

海上救援是集预防、监管、救援于一体的救援行动，重点采取岸上瞭望、广播、观察、海上巡逻、日常值勤等预防措施和现场救援。重大海难事件如沉船、触礁、翻船救援任务，通常由中国海上搜救中心承担。

一、海上救援的特点

海上救援存在着许多不可预知的风险。受变化多端的海风、海浪、海流、潮汐等因素的干扰，加之水域宽广，救援环境复杂，救援的难度和危险性巨大，救援人员必须经过专业的培训和训练，才能胜任海上救援任务。特别是遭遇台风袭击时，救援风险更加不可预测。因此，要以预防为主，必要时可放弃救援行动，等待时机选择其他途径实施救援。

（1）潮汐变化会引起海流速度加快，水位上涨，出现大浪或急流。涨潮时，原来落潮时出现的礁石会被淹没，如果游泳者或舟艇没有发现这些礁石，就会出现危险。随着风向的改变，海滩会出现离岸流或沿岸流等危险水流，如果预防不及时，就会被海浪卷走带到外海。

（2）若游泳者在落潮时下海游泳，遇到涨潮后，水域就会加宽，风浪增大，游泳者返回岸边的距离就会延长，容易出现体力透支，甚至无法返回岸边或海滩的情况，从而发生溺水事故。

（3）一般情况下，海滩如果朝南，其沙滩底部相对平坦，出现的海浪较小、海流平稳，海上活动风险较小；而朝东或朝北的海滩水域，由于经常受到东北风、东南风的影响，出现的海浪较大、海流湍急，在大浪的冲击下，沙滩底部较陡、凹凸不平，如果出现深坑或凹槽，水下容易产生暗流，在海上戏水时容易被海流卷走或无法站立，发生意外事故或溺水死亡的风险较大。具体的海滩情况还需具体勘定与评估。

（4）海上救援受风浪等级不同和潮汐变化的影响，隐藏着不可预知的风险。当海上风浪风力小于4级，海浪1级以下，浪高低于0.5 m时，人们可以在海滩或海滨浴场尽情地享受"阳光、沙滩、海浪"的愉悦和激情，体验游泳、渔家乐、出海捕捞的快乐。当海上出现8~10级大风，海浪4~5级，浪高高于3 m时，海滩水域就会出现巨大风险和危险性，应禁止一切海滩水域活动和出海。

二、潮汐

潮汐是受月球引力影响产生的潮涨潮落的自然现象，月球绕行地球一周的时间约为27天，因而每个月潮汐有两次大潮汛和小潮汛（每15天一个变化）。半日潮每天海面有两次周期性涨潮和落潮现象，全日潮

（如北部湾）每天海面只有一次周期性涨潮和落潮现象，其中可分为涨潮、退潮、干潮、平潮四个过程。潮汐影响海浪的规律是：大潮汛期浪大，平潮和小潮汛期则浪较小。

三、潮流

海水随潮汐涨潮、落潮的反复水平运动称作潮流，潮流的速度因时间的不同而有规律地变化。潮流可分为涨潮流、退潮流、平潮流三种形式。半日潮（每天有两次涨潮和落潮）的海域，潮流以约6小时12分钟为一个周期，向特定的方向做往返流动。第一次涨潮到下一次涨潮的周期平均为12小时24分钟，两次涨、落潮需用时24小时48分钟，每天的涨、落潮约比前一天晚48分钟，潮汐变动会影响海水的深浅。

四、海流

海水的运动大致可分为恒常的和周期的两种，海流是属于恒常的一种，是指海水大致恒常地自某处向另一处不断流动的现象。严格来说，海流也不是恒常的，其速度以一年为周期，有明显的变化，方向也会变化，但是大致一定，相较潮汐或波浪等短周期运动，这种变化是相对稳定的。海流中的沿岸流、离岸流、回流等是影响海滩水域安全和海上救援安全的重要因素之一。

朝南的海滩，遇到7级以上东南风时，就容易产生离岸流现象（俗称排潮）；朝东或朝西的海滩，遇到7级以上东北风或西北风时，同样容易产生离岸流现象。

1. 离岸流

潮汐引起的海面波浪、水位变化会造成岸边水流方向的变化。海水被推向岸边后会沿着岸边流动产生沿岸流，然后汇集到低洼处后转向外海流出，形成离岸流，可将人或物拉向外海。（图5-1-1）

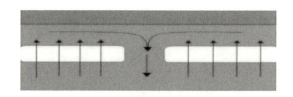

图5-1-1　离岸流形成示意图

离岸流又叫"裂流",是海滩的隐形杀手。因为不管是海面平静还是海浪澎湃,在岸边都会形成离岸流。离岸流形成的原因主要是当海浪冲击海岸时,遇到陆地阻碍而溃散,而大量的海水必须寻找回到海里的路径,但由于受到后续海浪的推挤,这些海水初期会沿着与沙滩平行的方向流动,最后汇集成一道或数道强大水流退回海中,以上过程循环发生形成离岸流。(图5-1-2)

图5-1-2　离岸流俯视图

2. 沿岸流

沿着局部浅海海岸流动的洋流,叫沿岸流。由于风力作用或河流入海作用,形成的沿着局部海岸流动的洋流,以及在海岸带由于波浪作用,形成近岸流系沿着海岸运动的水流,也会成为沿岸流。

3. 离岸流和沿岸流的危险性

充分认识离岸流和沿岸流的危险性,可以控制海上救援风险。遇见离岸流和沿岸流时,应特别小心,尽快远离;已身处其中时应放松身体,漂流到外面平静水面等待救援,千万别与水流抗衡,否则会极大地消耗体能,发生溺水事故。

根据巴西与澳大利亚长期的研究显示:在海边,大约有90%的溺水是因为离岸流而发生的。在美国,每年大约有150人因为离岸流溺水丧命,在佛罗里达州,因离岸流导致死亡的人数甚至超过了因暴风雨、飓风和龙卷风致命的人数之和。

第二节　海上救援基础知识

海浪通常指海洋中由风产生的波浪,有风就会有浪,风越大,浪越高。海浪受风力、潮汐、海流、水下暗礁的影响较大,应充分认知其风险。

一、海浪的分类与识别

根据其位置,海浪可分为海上浪、礁石浪和海滩浪等;根据其形状,可分为风浪、长浪、倒浪、卷浪、圆浪或涌浪峰、碎浪、回头浪等。

（1）风浪：由海上的风吹打海面而引起的海浪（图 5-2-1）。

（2）长浪：由远处海浪传播而来，一般为台风前兆（图 5-2-2）。

图 5-2-1　风浪　　　　　　　　图 5-2-2　长浪

（3）倒浪：浪峰上下的海水呈泡沫状，影响能见度（图 5-2-3）。

（4）卷浪：正面呈内凹，人被卷进去后会随海浪的卷动而翻滚及失去重心（图 5-2-4）。

（5）圆浪或涌浪峰：呈浑圆状，推进力大，推进的方向与浪前进的方向相同（图 5-2-5）。

图 5-2-3　倒浪　　　图 5-2-4　卷浪　　图 5-2-5　圆浪或涌浪峰

（6）碎浪：波浪冲击岸边的过程中，浪顶头开始变形，呈破碎状的海浪。碎浪会造成海水激烈的水平运动，产生的白色泡沫或气泡阻碍人的视线，海水翻滚涡流现象非常显著（图 5-2-6）。

（7）回头浪：人或艇靠岸或登礁时，靠近岸边或礁石遇到的拍岸后反弹回来盖过人或艇的海浪。回头浪危险性极高，可以直接将人或艇卷入海中再撞击到礁石或岩壁上（图 5-2-7）。

图 5-2-6　碎浪

图 5-2-7　回头浪

二、海浪等级划分

当风吹到海面时，与海水摩擦，海水受到风的作用，海面开始起伏，形成海浪。海浪等级是指在风力作用下，按海面波动状况、波峰形状及其破碎程度、浪花泡沫出现的多少将海浪划分的等级，共分为 10 个等级，详见表 5-2-1。

表 5-2-1　海浪等级划分表

海浪等级	名称	浪高/m	海面情况
0	无浪	0	海面光滑如镜，或只有涌浪存在
1	微浪	0~0.1	波纹或涌浪和波纹同时存在，微小波浪呈鱼鳞状，没有浪花
2	小浪	0.1~0.5	波浪很小，波长尚短，但波形显著，波峰不破裂，无显著白色浪花
3	轻浪	0.5~1.25	波长变长，波峰开始破裂，浪沫光亮，有时可见白色浪花，其中一些地方形成连片的白色浪花
4	中浪	1.25~2.5	波浪具有明显形状，到处形成白浪
5	大浪	2.5~4.0	出现高大的波峰，浪花占了波浪上很大的面积，风开始削去波峰上的浪花
6	巨浪	4.0~6.0	波峰上被风削去的浪花，开始沿着波浪斜面伸长成带状，有时波峰出现风暴波的长波形状
7	狂浪	6.0~9.0	风削去的浪花带布满了波浪斜面，有些地方达到波谷，波峰上布满了浪花层

续表

海浪等级	名称	浪高/m	海面情况
8	狂涛	9.0~14.0	稠密的浪花布满波浪斜面，海面变成白色，只有波谷某些地方没有浪花
9	怒涛	>14.0	整个海面布满了稠密的浪花层，空气中充满了水滴和飞沫，能见度显著降低

三、风力等级与救援风险

风力等级与救援风险成正比，风力越大，海况恶劣程度越大，海上救援风险就越大，详见表5-2-2。因此，参与海上救援行动谨记：救援有风险，参与需谨慎。

表5-2-2　风力等级与救援风险对照表

风力等级	名称	风速/$(m \cdot s^{-1})$	海域状况	救援风险
0	无风	0.0~0.2	海面如镜子，无风险	一般海况
1	软风	0.3~1.5	出现各种不同的涟漪；无泡沫状，风险极小	无风险
2	轻风	1.6~3.3	出现微波；最高处的外表如镜，而未破碎，风险较小	低风险
3	微风	3.4~5.4	微波变大，顶头开始破碎，泡沫浪头分散开	低风险
4	和风	5.5~7.9	出现小浪，逐渐变长，有一大堆白泡沫浪头	低风险
5	劲风	8.0~10.7	带着较长形状的中等波浪，有许多白泡沫浪头，有一些浪花	低~中风险
6	强风	10.8~13.8	形成较大波浪，四处充满白泡沫浪头，有较多浪花	低~中风险
7	疾风	13.9~17.1	海面成堆积状，碎浪中的白泡沫开始以条痕状向前移动	中~高风险
8	大风	17.2~20.7	出现相当长度的中等高浪，顶端边缘破裂成浪花，泡沫以明显的条浪前移	中~高风险

续表

风力等级	名称	风速/($m \cdot s^{-1}$)	海域状况	救援风险
9	烈风	20.8~24.4	出现高浪,海平面开始转动,有紧密的泡沫条痕,能见度降低	高风险
10	狂风	24.5~28.4	出现顶端突出的非常高大的浪波,海面因泡沫以浓密条痕向前移而呈现白色外表,能见度降低	高风险
11	暴风	28.5~32.6	出现特别高大的浪波,海覆盖白色泡沫块,能见度更为降低	风险重大
12	台风	32.7~36.9	空气中充满泡沫,海浪完全成为白色推进的浪花,能见度严重降低	风险极大

注：风力与海况说明如下。
1. 风力达到5~6级,阵风7级时,称为一般性海况,尽可能实施救援,但应注意安全。
2. 风力达到7~8级,阵风9级时,称为恶劣性海况,可以救援,但必须配备合格的救援装备与器材。
3. 风力达到8~9级,阵风10级时,称为危害性海况,应谨慎救援,确保自身安全。
4. 风力达到10~11级或12级以上台风时,称为灾害性海况,禁止海上救援,待时机适合再实施救援行动。

四、海上救援风险管控

海上出现大浪、巨浪、回头浪、离岸流和沿岸流等,都会对海上救援产生巨大的风险。

（1）参与海上救援应敬畏大海,尊重大海,认识海浪的危险性、海流变化的风险性和救援装备的重要性。

（2）海上救援工作重点是以防为主、防救结合,加强巡逻与警戒,必须在安全评估现场救援条件的前提下,将救援风险控制在最小范围；救援方法要选择最简单、最安全和风险最小的手段,实施风险管控,确保自身安全和被救者的生命安全。

（3）海上救援必须配置个人安全装备和救援器材,携带浮标、桨板、海浪救生板和舟艇等救援器材,禁止徒手游泳救援。

（4）遇到台风、风暴潮、海啸等极端危险天气,一定要远离海滩,禁止出海和一切海滩水上活动。

(5)发现危险情况应及时制止,并立即拨打"110"报警,快速通知救援队出勤;也可直接拨打"120"求救,由专业医生进行现场急救,并向上级相关部门汇报和备案。

五、台风灾害救援

台风属于热带气旋的一种形式,是指形成于热带或副热带26℃以上广阔海面上的热带气旋。世界气象组织明确,中心持续风力在12~13级(32.7~41.4 m/s)的热带气旋称为台风或飓风。

以蒲福风力等级评级,按其底层中心附近最大平均风力(风速)大小将台风划分为6个等级,即热带低压、热带风暴、强热带风暴、台风、强台风、超强台风,详见表5-2-3。

表5-2-3 台风等级对照表

序号	分类	底层中心附近最大平均风力等级	风速/($m \cdot s^{-1}$)	环境影响
1	热带低压	6~7	10.8~17.1	树木摇晃
2	热带风暴	8~9	17.2~24.4	树叶飞天
3	强热带风暴	10~11	24.5~32.6	树木被吹断
4	台风	12~13	32.7~41.4	瓦片被吹落
5	强台风	14~15	41.5~50.9	灾难性
6	超强台风	≥16	≥51.0	严重灾难性

1. 台风引发的灾害

台风属于破坏性很强的灾害性天气,其危害性主要有三个方面:

(1)台风中心附近最大风力一般为8级以上,并伴有大雨或暴雨,但影响时间较短。

(2)台风伴随着很强的暴雨天气,台风途经地区一般能产生150~300 mm的降雨,少数台风能产生1 000 mm以上的特大暴雨,容易产生洪涝灾害。

(3)台风通常能使沿岸海水产生增水,出现风暴潮,高潮位使城市内的水位居高不下,产生内涝现象。

2. 台风的危害性

台风是气象灾害中破坏性最大、持续时间最短的灾害性天气，常伴随着狂风、暴雨、闪电、雷鸣。台风期间，在海上会造成船舶沉没、触礁和倾覆；在陆地会引发洪涝、泥石流、塌方、堰塞湖、城市内涝等次生灾害，严重威胁人民群众的生命财产安全。

（1）台风常伴有暴雨，而且来势猛、强度大、范围广、持续时间长，极易造成洪涝灾害和城市内涝现象。短时间高强度的降水可引起严重地质灾害，江湖泛滥，水库崩溃，冲毁道路，造成交通中断，供水、供电中断，给工厂、企业和居民生活带来不便。台风还会导致暴雨、滑坡、泥石流和水源污染，造成交叉感染、传染病流行，大面积房屋损毁和较多人员伤亡等。

（2）台风挟带狂风不仅来势凶猛，且持续时间较长，破坏力极大。巨大的万吨轮或航母舰队，在海上就像一叶小舟，被巨浪席卷抛向10多米高的浪尖，甚至移动锚地、船舶倾覆或触礁沉没；在陆地上台风中心经过的地方，房屋、高大建筑物、广告牌和霓虹灯等被吹倒，大树被连根拔起，街道两旁一片狼藉，造成重大灾难。

（3）若遇农历月初或月中两次天文大潮或者强台风，会造成比暴雨和狂风更为严重的风暴潮灾害，可以淹没岛屿、冲毁堤防，海水涌入内陆，应禁止一切外出活动。

3. 台风案例介绍

受2019年第9号"利奇马"超强台风影响，浙江、山东、江苏等地均出现极端强降雨天气，浙江全省平均降雨量达165 mm，其中，临海过程雨量达831 mm，为80年一遇；山东平均降雨量达158 mm，为有记录以来的过程降雨量最大值。"利奇马"两次登陆我国，登陆强度强、陆地滞留时间长、降雨强度大且极端性显著、大风影响范围广且持续时间长，浙江、安徽、江苏、山东等地均出现不同程度的城乡积涝、中小河流洪水、山洪和滑坡等灾害。台风还造成河北、辽宁、吉林、上海、江苏、浙江、安徽、福建、山东9省（直辖市）1 402.4万人受灾，209.8万人紧急转移安置，直接经济损失537.2亿元。

4. 台风救援

开展台风救援应根据国家统一向社会发布的台风消息、台风警报、台风紧急警报，以及蓝色、黄色、橙色、红色预警信号。

台风救援重在做好各项安全预防工作，组织救援队备勤，转移低洼地和危房居住的群众，减少遭遇台风时带来的损失。

（1）灾前预防。

① 接到台风消息后，海上船舶应尽量进港避风、抛锚避风，转移船上人员到岸上避难，留守值班人员，以防止意外事故发生。

② 在台风到来之前，重点检查水库防洪、江河湖泊的泄洪，进行堤坝加固和风险排查工作。

③ 居民在家要关闭门窗、炉火、煤气，防范火灾，将阳台上的花盆转移到安全位置，以免砸伤路人或在屋檐下避难的人群。

④ 台风期间，以居家避风、值班为主，非救援人员禁止外出，防止危房、电线杆倒塌，以免发生被高空杂物、倒塌的建筑物砸伤、压伤或触电等意外事故，将危险和损失降低到最低程度。

（2）台风期间救援。

① 救援队要集中值班、备勤，配备个人安全装备和救援器材，包括手电、头灯、充电器、蜡烛、食物、饮用水、药品、救援绳索、橡皮艇、冲锋舟和 IRB 等。

② 救援队要重点做好抗击台风救灾备勤、巡逻和值勤工作，砍伐枝叶繁茂的大树，加固或拆除危房、广告牌和霓虹灯，转移老旧建筑内的群众，减少和避免人员、财产损失。

③ 救援行动以团队救援为主，要在确保安全的前提下执行；避免个人行动，防止意外事故发生。

④ 台风中心经过区域，禁止在海上和户外的一切活动。

（3）灾后救援与重建。

① 台风过后，要积极组织自救和互救工作，快速转移伤员与灾民。

② 尽快恢复生产和生活秩序，清理和重建家园，将损失降低到最低程度。

③ 救援队清点人数和整理队伍，收集救援装备和器材，安全返回驻地。

第三节　滩涂救援

滩涂救援是指在海滩、河滩和湖滩发生对人员被困或受伤的救助行动。常用的救援方式有自救、个人救援和团队救援。

一、滩涂概述

1. 滩涂的定义

滩涂是海滩、河滩和湖滩的总称。沿海滩涂（图 5-3-1）是指沿海大潮高潮位与低潮位之间的潮浸地带，平均高潮线以下、低潮线以上的海域。滩涂既属于土地，又是海域的组成部分。

河流和湖泊滩涂是指常水位至洪水位间的滩地，时令湖、河洪水位以下的滩地，水库、坑塘的正常蓄水位与最大洪水位间的滩地。（图 5-3-2）

图 5-3-1　沿海滩涂

图 5-3-2　河流滩涂

2. 滩涂的分类

（1）根据潮位、宽度及坡度，滩涂可分为高潮滩、中潮滩、低潮滩。

（2）根据滩涂的物质组成成分，滩涂可分为岩滩、沙滩、泥滩。

由于岸的类型多样，水流的作用以及含沙量等因素的影响，有的岸受水的冲刷，滩涂向陆地方向后退；有的岸堆积作用强，滩涂则向有水方向伸展；有的岸比较稳定，滩涂的范围也较稳定。

3. 滩涂的特点

（1）滩涂是重要的后备土地资源，具有面积大、分布集中、区位条件好、农牧渔业综合开发潜力大的特点。

(2)滩涂是一个处于动态变化中的海陆过渡地带。由于潮汐的作用,滩涂有时被水淹没,有时又露出水面,其上部经常露出水面,其下部则经常被水淹没。

4. 滩涂的价值与利用

滩涂是重要的后备土地资源,具有面积大、分布集中、区位条件好、农牧渔业综合开发潜力大的特点,不仅是一种重要的土地资源和空间资源,而且本身也蕴藏着各种矿产、生物及其他海洋资源。

(1)位于海边潮间带的滩涂,一般可以利用潮间带和低潮线以内的水域,自然生长和养殖滩涂鱼、贝类(如贻贝、扇贝、蛤、牡蛎、泥蚶、蛏子等)和海藻类(如海带、紫菜等)。

(2)滩涂是水产养殖和农业生产发展的重要基地,是开发海洋、发展海洋产业的一笔宝贵财富。经整治或改造后可建成潮差式、半封闭式或封闭式的鱼和虾类养殖基地。

二、滩涂救援

1. 滩涂自救

当人们在滩涂采集贝类、捕获鱼虾或种植芦苇,突然遇到涨潮被困时,应第一时间选择自救,从滩涂中爬行到岸边,可以徒手或借助工具。不要直立行走,以免陷入更深的泥潭。(图5-3-3)

2. 滩涂抛绳救援

由于滩涂松软,当被困者离岸边距离较远时,救援人员无法靠近直接救援,又未携带救援板、舟艇等救援器材时,可以选择抛绳救援方式。(图5-3-4)

图5-3-3 滩涂自救

图5-3-4 滩涂抛绳救援

3. 滩涂划泥船救援

在滩涂直立行走会陷入泥潭，爬行前进又不方便，选择民间自制的划泥船，安全、可靠、便于操作，滑行速度快，也可以将其作为直接救援工具。（图5-3-5）

4. 滩涂徒手救援

当发现有人在滩涂中被困，无法自救或离开时，救援人员徒步进入滩涂接近被困者，抓住其手臂或肩膀，使其脱离深陷的泥潭，在岸上人员或同伴的帮助下，缓慢地将其拖带至岸边。（图5-3-6）

图5-3-5 滩涂划泥船救援

图5-3-6 滩涂徒手救援

5. 滩涂滑泥板和绳索结合救援

当发现有人在滩涂中被困，无法自救或离开时，救援人员在岸上人员的协助下，快速地利用滑泥板划向被困者，接近后将其拖带到滑泥板上，在岸上人员的帮助下，牵引救援绳，返回岸边。（图5-3-7、图5-3-8）。

图5-3-7 滩涂滑泥板结合绳索救援

图5-3-8 上板与固定

6. 滩涂舟艇救援

滩涂救援中常用的舟艇有橡皮艇、冲锋舟和气垫船。当发现有人在滩涂中被困或等待救援,距离较远并有一定的水深时,可以驾驶冲锋舟或气垫船,快速接近救援目标,距离其约 3 m 时,再次评估现场情况,选择最安全、快速、合理的救援方式。(图 5-3-9)

图 5-3-9　气垫船救援

三、滩涂救援的搬运

1. 双人搬运

两位救援人员首先分别站在被救者的两侧,两手各抱起一条腿成抬扛式,被救者双手搭在救援人员的肩膀上维持平衡,可以从滩涂中返回岸边。(图 5-3-10)

2. 多人搬运

滩涂涨潮后,水下情况不明,为了安全地将被救者转移到岸上,可采取多人搬运的方式。救援团队接近被救者后,采取抱、抬、扛等方式,将其缓慢地转移到岸边,一人在近岸处观察情况,指挥和协调救援团队完成任务。(图 5-3-11)

图 5-3-10　双人搬运　　　　　图 5-3-11　多人搬运

3. 专用担架搬运

当救援成功上岸后，若初步检查判断被救者可能有颈椎或腰椎骨折等，需要用专用担架作为运输工具，以避免其二次受伤。（图5-3-12）

四、滩涂救援安全注意事项

图 5-3-12　专用担架搬运

（1）滩涂是靠近岸边，围垦在沿海、河边和湖边的区域，属于隐藏水下和暴露在水面的湿地，滩涂中杂物、石头或尖锐物很多，在救援时必须穿戴救援装备和靴子，防止划伤或损伤手、脚。

（2）滩涂有松软、不松不软和坚硬质地，在松软处不要直立行走，防止遇到沼泽地而陷入泥潭，甚至失去生命；尽可能选择匍匐前进，以增大身体接触面，避免陷入滩涂。

（3）遇到涨潮时，尽快离开滩涂，安全地撤离危险区域，防止陷入淤泥或沼泽地，救援行动应加强现场评估，以团队救援为主，救援人员要穿戴救援装备，尽可能地携带救援器材，确保自身安全和防护。

（4）在河滩和湖滩茂密的芦苇丛中搜寻时，一般很难发现目标，可以使用无人机或橡皮艇进入芦苇丛搜救，选择人工搜寻时可大声呼喊。若夜间搜寻应配置足够亮度的照明设备，如探照灯、头灯等器材，以备搜救所需。

（5）滩涂救援有时会全身涂满淤泥，上岸后应快速清洗，防止滩涂中的污染物感染身体。

（6）滩涂救援虽然没有水域救援风险高，但遇到救援范围大、距离远且泥土松软的滩涂，一定要小心谨慎，行动要缓慢，避免陷入泥潭。

第四节　浮标游泳救援

浮标是游泳救援最佳辅助工具之一，是救援者的保命工具和浮力工具。救援者借助浮标的浮力，既可以确保自身游泳安全，又可以在拖带时节省体力。浮标具备救生衣和救生圈的双重功能，可运用于间接或直接救援。

一、浮标的特点、功能与适用范围

浮标（图5-4-1）用途广泛，操作简单，效果显著。浮标由压缩海绵制成，为长条形浮力工具和救生器材。浮标上连接一条2 m的拖带，其浮力达150 N以上，可承载2~3人长时间在水中漂浮。

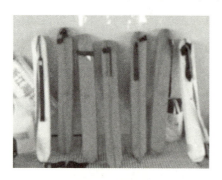

图 5-4-1　浮标

1. 浮标的特点

（1）浮标重量轻、携带方便、使用简单、实用性高，作为游泳救援工具效果明显，功能突出，是海滩游泳救援个人装备之一。

（2）携带浮标游泳，可以进行冲浪、钻浪、扑浪和避浪技术；还可以提高救援者自身安全系数，降低游泳风险，提高救援成功率。

（3）携带浮标游泳便于接近、控制和拖带被救者。浮标可以作为水下搜救和打捞的辅助工具。

2. 浮标的功能

（1）浮标可供救援者在游泳时作为浮力工具，确保自身安全。救援者游泳时可将浮标安全带斜挂在身上，如果游泳时体力下降，可以将浮标抱在胸前，作为漂浮工具，借助浮标的浮力，延长在江、河、湖、海上游泳和漂浮的时间，等待救援。

（2）浮标具有救生衣和救生圈的双重功能，救援者既可以把它当作救生衣使用，又可以把它当作救生圈使用。

（3）救援接近时，可以将浮标伸向被救者，避免被抓抱或纠缠，确保自身安全。

（4）拖带时，浮标可以作为运输工具，借助浮标的浮力可以节省体力，效果显著。

3. 浮标的适用范围

浮标适用于海滩、滩涂等自然水域和静水的游泳救援。

二、浮标游泳救援技术

浮标游泳救援属于器械救援项目之一,需要有良好的游泳能力,正确掌握浮标游泳救援技术,借助浮标的浮力确保自身安全,节省救援的体力,避免发生二次溺水事件。

(1) 出发技术:海滩出发、岸上出发、船上出发、礁石出发。

(2) 入水技术:跨步式入水、鱼跃浅入式入水、高台直立式入水、探索式入水。

(3) 接近技术:侧面接近、背面接近、水下接近。

(4) 控制技术:间接控制、直接控制。

(5) 固定技术:腋下固定、背部固定、腹部固定。

(6) 拖带技术:一起游泳拖带、反蛙泳拖带、侧泳拖带。

(7) 搬运技术:单人搬运、双人搬运、多人搬运、急救板搬运。

三、浮标游泳救援流程

浮标游泳救援的流程为出发→入水→接近与控制→固定→拖带→搬运。

1. 出发

当发现有人落水或溺水时,迅速携带浮标快速地跑向救援水域。在跑动过程中,一手抓住浮标的中段,另一手边跑边将浮标的背带斜背在肩上,快速地自沙滩跑向海滩水域;采取沙滩跑、踏浪跑、扑浪、钻浪和避浪等技术,为接近和救援做好准备。

(1) 沙滩跑:在沙滩上采取正常的跑步姿势,快速冲向救援目标。(图 5-4-2)

(2) 踏浪跑:当水深超过踝关节部位时,则可用跨栏跑向后甩腿的姿势,在水中以踏浪跑方式前进。(图 5-4-3)

图 5-4-2 沙滩跑

图 5-4-3 踏浪跑

(3) 扑浪：当水深超过膝关节位置时，则可以采用涉水前进或做扑浪技术，减小海浪的阻力，加快前进的速度，达到冲出大浪区的目的（图 5-4-4）。

(4) 钻浪：当水深达到腰部位置，则需要做钻浪技术，以躲避海浪的扑面，加快前进速度，实现避浪的效果。同时，在前进过程中可以继续做借浪或避浪动作，出水后采用抬头爬泳游向救援目标（图 5-4-5）。

图 5-4-4　扑浪　　　　　　　　图 5-4-5　钻浪

(5) 避浪：当海浪扑面而来时，可将身体跳起侧对海浪，避免正面遭受海浪冲击，发生呛水或刺激眼睛，当迎面浪过后，根据水深选择扑浪或钻浪技术，游泳接近目标。

2. 入水

入水前，先快速解开浮标的背带，立即斜背在肩上，一手抓住浮标的中段，站立在岸边做好入水前准备。常用的入水技术包括跨步式、鱼跃浅入式、高台直立式、探索式入水等。

(1) 跨步式。

两脚平行或前后站立，将浮标的背带斜背在肩上，双手将浮标横向摆放在腹部前面的位置，采用跨步式（图 5-4-6）或蛙跳式姿势做前扑式入水。其他动作要领同徒手入水技术。

(2) 鱼跃浅入式。

将浮标的背带事先斜背在肩上，一手抓住浮标中间位置，保持平衡，入水前可先扔掉浮标，然后做鱼跃浅入式入水（图 5-4-7）。其他动作要领同徒手入水技术。

图 5-4-6　跨步式入水

图 5-4-7　鱼跃浅入式入水

（3）高台直立式。

从船上出发时一般采取高台直立式。事先将浮标的背带斜背在肩上，一只手将浮标直立或横向抱在胸前位置并固定，另一只手保护鼻子，防止呛水，采用高台直立式姿势入水（图 5-4-8）。其他动作要领同徒手入水技术。

（4）探索式。

从礁石或滩涂出发时一般采取探索式入水。探索式入水也常用于海滩、公开水域和铁人三项比赛的出发入水。事先将浮标的背带背在肩上，一只手抓住浮标放于体侧，用脚先入水，身体慢慢地摸索前进，身体前倾，入水时浮标先接触水面，然后身体前扑到浮标上；也可以单手持浮标，入水时将浮标扔入水中，漂浮在水面，身体前扑做扑浪式入水。（图 5-4-9）

图 5-4-8　高台直立式预备姿势

图 5-4-9　探索式入水

3. 接近与控制

采取游泳姿势快速接近被救者，以侧面、背面接近为主，防止被其搂抱或缠绕；遇到意识不清或昏迷者，可以采取正面接近或水下接近的方式。

（1）将浮标放置于身前，采取蛙泳技术向前游进（图5-4-10）。面对清醒者做水面救援时，救援者先到达安全距离，再借助浮标的浮力停留，对被救者进行安慰并与其交流。

（2）将浮标漂浮在水面，采取爬泳等技术快速向目标游进。面对昏迷者做水下救援时，救援者接近被救者后立即把浮标放置到其腋下或肩部，控制后再做固定，以方便拖带。（图5-4-11）

图5-4-10　蛙泳游进

图5-4-11　接近与控制

4. 固定

将浮标固定在被救者身上，便于拖带时增加浮力，节省体力，并保持被救者的面部露出水面，避免发生二次溺水事故。

（1）浮标固定在背部或腰部（图5-4-12）：从侧面或背后接近被救者，用锁扣将浮标固定在被救者的身体上，使被救者呈仰漂姿势，面部保持在水面上，便于救援者用浮标进行拖带，防止在拖带时发生二次溺水事故。

（2）浮标固定在肩部或腋下（图5-4-13）：从背面接近被救者，将浮标放置到被救者身后的肩部下方或双腋下方，使用双手扣紧浮标并从背后提拉，将浮标垫入被救者腋下两侧，固定其身体后使其呈仰漂姿势，也可以依次提手放置。要保持被救者面部朝上并露出水面，便于用浮标拖带。

图 5-4-12　浮标固定在腰部

图 5-4-13　浮标固定在腋下

5. 拖带

救援者可以用双手抓住浮标，采用反蛙泳姿势进行拖带（图 5-4-14）；也可以用单手抓住浮标，采用侧泳姿势进行拖带。在拖带时，始终不能松开控制被救者的手和浮标连接，浮标要扣紧其身体。

图 5-4-14　反蛙泳拖带

6. 搬运

当被救者被救到岸边或浅滩以后，根据被救者的情况如清醒、昏迷和受伤程度选择搬运方法，如拖拉法、搀扶法、斜背法、背负法、肩背法等。

（1）拖拉法：溺水者背部紧靠在救援者的胸肩部。救援者双手环抱溺水者的胸腹部，站在水底，向后将溺水者拖拉行走（图 5-4-15）。此方法常用在急流或沙滩水域，可节省救援者的体力。

（2）搀扶法：当溺水者被救到浅水区时，若意识仍然清醒，可将溺水者手臂搭在救援者的肩上，将其搀扶上岸，节省救援者的体力。（图 5-4-16）

图 5-4-15 拖拉法搬运

图 5-4-16 搀扶法搬运

（3）斜背法：当溺水者无法行走时，可采用斜背法搬运（图 5-4-17）。救援者站在溺水者身体的前面，一只手抓住其颈部，另一只手抓住其双腿，夹紧溺水者。救援者让溺水者横趴在后背，做负重搬运。

（4）背负法：当溺水者无法行走时，可采用背负法搬运（图 5-4-18）。救援者蹲在溺水者身体的前面，让溺水者趴在救援者的背上，双手由膝下穿过溺水者的腿部，抓握溺水者的双手腕背负搬运。

图 5-4-17 斜背法搬运

图 5-4-18 背负法搬运

（5）肩背法：肩背法是水上救援最常用的徒手搬运方式。当溺水者处于昏迷状态时，救援者呈弓步姿势面朝溺水者，双手自溺水者的腋下托起，双手扣紧溺水者的腰部，让其坐在救援者的腿上。一只手从溺水者腿下穿过并抓住其手腕，另一只手撑在自己的腿上，站立起来。救援者让溺水者趴在肩上，一只手扶住溺水者的头部，保护其颈椎，做肩背法搬运（图 5-4-19）。

（6）双人或多人搬运法：当溺水者无法行走时，可采用双人马鞍式、抬扛式搬运（图 5-4-20）。

图 5-4-19　肩背法搬运

图 5-4-20　双人抬扛式搬运

四、浮标游泳救援安全注意事项

（1）浮标游泳救援前，要检查浮标与背带的连接处是否牢固，浮标的橡胶是否老化或断裂，救援时必须使用合格的浮标。

（2）携带浮标游泳时，要将浮标斜背在肩上，游泳时可以让浮标在身后水上自由漂浮。当体力下降或疲劳时，可以收背带绳，将浮标拖带到胸前，作为浮力工具。

（3）浮标救援接近被救者时，可以先利用浮标踩水停留在水面上，对被救者进行语言安慰和沟通，然后再选择接近和控制的方式。

（4）接近被救者后，将浮标伸向被救者，待其抓住或固定救生浮标后，抓紧和扣紧浮标锁扣，防止被被救者抓住、搂抱，避免出现防卫与解脱的困难。

（5）面对意识清醒者，救援者用浮标将其拖带返回时，可以借助浮标的浮力，一起游泳返回；也可以在前面游泳，让被救者抓住浮标在后面游泳一起返回。返回途中随时做出调整、控制和固定，防止在拖带时浮标脱手或背带断裂，造成二次溺水。

（6）面对昏迷者，救援者在拖带时可将浮标放置到被救者的腋下、肩部、腰部位置，使其身体仰漂在水面，面部露出水面，用浮标的背带绳牵引，采取自由泳将被救者拖带返回到岸边或船边。

第五节　借浪救援

借浪救援主要用于救援人员无法接近被救者的情况，被救者可借助海浪或水流的冲击力，让自己被冲向海滩，实现自救。当遇到台风或大浪时，在海上或急流中的游泳者可选择适合的时机，用身体的背面去迎接海浪和水流的冲击，借助海浪和水流的冲击力，让自己被冲向海滩，起到救援成功的效果。

一、借浪救援概述

借浪救援就是借助海浪或水流的冲击力，将被困者或游泳者冲向海滩，避免体力消耗和无法游泳返回，达到救援的目的。

动作要领：当海浪到达游泳者面前时，游泳者在海上直立身体，做踩水动作，将身体背对海浪，借助海浪的冲击力，让自己被冲向海滩或岸边。但如果海浪覆盖游泳者的身体和头部，容易发生呛水或窒息现象；而且遇到大浪会将游泳者卷入海底或外海，使其无法游向岸边或浅滩，最终会导致其体力消耗过大而造成溺水死亡事故。

二、借浪救援安全注意事项

借浪救援是最安全的海滩救援方式之一，属于自救和语言指导技术的一种救援形式。实施借浪救援过程中应注意以下几点：

（1）要观察和评估海浪的情况，躲避海浪的覆盖。

（2）选择合适的时机在海上站立起来，用身体的背面接触大浪，借助海浪的冲击力向海滩或岸边接近。

（3）可选择自救、等待救援和配合救援行动，争取脱险和避免溺水事故发生。

三、借浪救援案例分析

> **案例：**
> 2012年8月"梅花"超级台风前夕，有两名外地游客在远离海滩100 m左右的海上无法游回海滩。当时，20余名救援队员涉水至海水齐腰深的海

> 滩边，大声地呼喊在远处的游客，告诉他们在大浪到达身边前，快速地在海上站立起来，并用手势告诉他们背对海浪。第一名游客经过三四次大浪的冲击，很快被海浪冲到救援人员身旁，被抓住后成功获救；随后第二名游客也采用同样的方法获救。

这两名游客的成功获救开创了台风季节海滩救援的先例，本案例中所采取的借浪救援方式值得学习和推广。借浪救援既可用于自救，也可用于救助他人。

（1）自救：掌握借浪救援方法，就可以在遇到大浪或离岸流时找到自救的方式。首先不要惊慌，保留体力，选择合适的时机；其次借助海浪的冲击力，让自己被冲向海滩或岸边。如果第一浪过后没有到达安全区，可适当调整体能，等待第二浪、第三浪的冲击。

（2）救助他人：当发现有人在海上或急流中挣扎，可以接近被救者，向他发出语言指令或手势信号，指挥他做借浪动作，激发他的求生欲望并增强他与海浪搏斗的信心，使他配合救援人员行动，达到借浪救援的效果。

借浪救援应尽可能地用背面去迎接海浪的冲击，这样可以增大受浪面积，收到更好的效果；如果用正面去迎接海浪冲击，容易造成呛水，伤及眼睛，甚至导致呼吸困难或窒息。

借浪救援也适用于急流救援，可以借助水流的冲击，让被困者或游泳者从上游漂流至下游，进入洄流区或安全水域上岸。

第六节　海浪救生板救援

海浪救生板主要用于海滩水域快速救援，它是在冲浪板基础上研制而成的海滩救援器材之一，在美国、澳大利亚等地已被广泛应用。其特点是救援成本低、划板速度快、操作简单、使用安全、保养简易。海浪救生板具有极高的实用性和机动性，并已被推广为国内外水上救生比赛项目之一。

一、海浪救生板概述

海浪救生板是海滩救援最常用的个人救生器材之一。救援人员借助板的浮力,采取卧姿或跪姿划水冲出海滩,通过冲浪、避浪和借浪技术,快速接近救援目标,并实施救援行动。

1. 形状与材质

海浪救生板(图 5-6-1)长 2.8~3.2 m,宽 0.6~0.8 m,厚 0.15~0.25 m,浮力达 200~275 N,在水中可承载 2 个成年人的重量。其由玻璃钢或高密度塑料压缩制成,外形呈冲浪板状,重量为 3~5 kg。

图 5-6-1　海浪救生板

2. 特点

海浪救生板造型简单,承载重量大,划板速度快,操作得当可抗击 6~8 级大风和 2~3 级海浪,不仅可以让救援人员快速地冲浪出发到达救援地点,还可以作为摩托艇、冲锋舟的辅助救援工具。

3. 优点

重量轻,浮力大,携带方便,操作简单,救援成本低,实用价值高,无污染,容易维护、保养和贮藏,可以作为游泳和救援拖带的浮力工具。

4. 缺点

初学者不易掌握平衡,遇到风浪较大的水域环境,如果操作不当,则容易侧翻或倾覆。

5. 技术要点

采用卧姿和跪姿两种划水方式,掌握冲浪、避浪和借浪技术,在控制平衡的基础上,快速接近救援目标,采取二次翻板技术,固定、拖带救援目标返回岸边或沙滩,实现救援目的。

6. 技术难度

关键是控制平衡和掌握划水、冲浪、避浪、借浪技术。

7. 适用范围

常用于海滩或自然水域直接救援，也可作为摩托艇和冲锋舟拖带的辅助救援工具，同时是水上救生比赛专门器材。

二、海浪救生板救援操作流程

海浪救生板救援操作流程为出发（持板跑动）→放板入水→上板→控制平衡→划水→接近与控制→二次翻板救援→固定、拖带与返回→搬运与上岸。

1. 出发

出发采取持板跑动技术，持板可分为夹抱式、拖带式、肩背式等方式，旨在快速地将海浪救生板运输到海滩，然后正面放板入水。

（1）夹抱式：可分为单手腋下持板和双手胸前夹抱式持板。搬运海浪救生板时要避免碰撞或在硬地上拖拉，以免损坏海浪救生板。快速跑到海滩边，将板平放入水。

（2）拖带式：单手或双手提携海浪救生板的把手处，板头朝前，板尾在沙滩上，采取沙滩跑、踏浪跑接近海滩，放板入水。

（3）肩背式：将板放到背上，用扛的方式快速地在海滩上持板跑动或拖带海浪救生板前进，到达海滩水域时放板入水。

2. 放板入水

（1）涉水放板：持板跑入海滩，单手或双手持板迅速将救生板平放或侧放入水，板底接触水面后，双手牢牢抓住救生板的把手，为上板做好准备（图5-6-2）。

（2）从岸上或船上放板：双手抓住救生板的两侧把手，将板用力地抛入远处的海中，人从岸上或船上跳入水中，采取水中卧姿上板技术。

图5-6-2　涉水放板

3. 上板

上板技术可分为卧姿上板、跪撑上板、水中上板等技术。放板入水后双手抓住板的两侧，压住水面后，双脚蹬地跳上板，呈卧姿或跪姿，双手划水前进。

（1）卧姿上板：身体接触救生板的面积大，全身俯卧在板上，比较容易掌握身体的平稳，适合初学者学习和掌握。（图5-6-3）

（2）跪姿上板：身体接触救生板的面积小，不容易掌握身体的平衡，可在卧姿上板的基础上过渡到跪姿。初学者可以在他人的帮助下，直接跳上板面呈跪姿（图5-6-4）。

图5-6-3　卧姿上板

图5-6-4　跪姿上板

（3）水中上板：指水中侧面站立直接上板，游泳至板尾做骑跨式上板。建议初学者在他人的帮助下，从板侧或板尾上板（图5-6-5）。

4. 控制平衡

控制平衡是海浪救生板操作的关键技术和难点之一。不管采用卧姿还是跪姿操作技术，都需要控制平衡（图5-6-6），达到"板人合一"，避免侧翻落水。

图5-6-5　水中上板

图5-6-6　控制平衡

5. 划水

根据身体姿势，划水技术可分为卧姿划水、跪姿划水两种；根据手臂划水姿势，可分为双手同时划水（如蝶泳姿势）和双手依次划水（如爬泳姿势）两种。

（1）卧姿划水（图5-6-7）：是最基本的划水技术，身体俯卧在海浪救生板上，保持身体与板的平衡。划水姿势可采取两手同时划水或两手依次划水。

图5-6-7　卧姿划水

动作要领：两手同时划水时，要求五指并拢，且从海浪救生板两侧插入水中，做同时划水动作（如蝶泳姿势）；两手依次划水时，以肩为轴做手臂的入水、抱水、划水和出臂动作（如爬泳姿势）。

图5-6-8　跪姿划水

（2）跪姿划水（图5-6-8）：双膝跪撑在救生板上，控制平衡后，利用腰部力量和手臂前伸抱水，增加划水动作幅度，提高划水效果，加快划水速度，展示优美姿态，常用于水上救生板比赛。

动作要领：划水时，上体尽量前倾，手臂前伸，双手五指并拢，手掌在海浪救生板两侧插入水中，做收腹抱水动作，以肩为轴用力划水，带动海浪救生板前进。手臂出水后，两臂外展平举，肘关节自然下垂（如蝶泳手臂姿势）；注意身体的协调性和动作的连贯性，身体放松，可坐在腿上，不断重复相同的动作。

（3）冲浪技术：冲浪是海滩水域出发技术中的基本技术，类似冲浪板技术的运用。海浪救生板冲浪有卧姿（图5-6-9）和跪姿两种姿势，必须沿浪峰45°角方向才能冲出海滩。

动作要领：当海浪到达之前，跪姿操作者应降低身体的重心，双手可抓住海浪救生板的两侧或两臂外展触碰水面，以控制或维持身体的平衡；

图5-6-9　卧姿冲浪

冲浪时板头沿浪峰45°角方向冲向海浪，并加快划水的频率、速率，快速冲过浪峰，实现板冲浪效果。

（4）借浪技术：借浪是利用海浪的涌动返回浅滩，借浪时手不划水，只需控制海浪救生板的平衡，等待浪峰的到来借浪前进，节省划水的体能。

动作要领：借助海浪波涛的涌动，身体随之起伏，稳定在海浪救生板上，利用海浪的力量将海浪救生板朝目标方向前进或冲回到海滩和岸边。保持板的平衡，避免侧翻而落入水中。

图 5-6-10　跪姿借浪和避浪

（5）避浪技术：避浪是海浪救生板操作的重要技术之一，如果避浪不成就会被海浪倾覆或发生侧翻，因此在操板时，眼睛一定要紧盯海浪，在海浪到来前快速躲避。（图 5-6-10）

动作要领：在海浪到达之前，沿海浪的边缘斜45°~60°角快速地划水前进，尽量躲过海浪的正面冲击，减少身体与海浪的接触面，以达到避浪的效果，防止海浪救生板被海浪掀翻而落入海中。

6. 接近与控制

接近与控制是海浪救生板救援的重要技术之一。当距溺水者 2~3 m 时，应立即将海浪救生板控制在安全距离内，横向面对溺水者，进一步观察溺水者的情况，选择安全、合理的接近方案靠近和控制溺水者。（图 5-6-11）

图 5-6-11　观察溺水者情况

7. 二次翻板救援

二次翻转救援技术主要用于海浪救生板救援。救援者先将板翻转，身体扑在板底上，抓住溺水者的手腕，将其控制在板的另一侧，然后用身体的力量，利用杠杆原理将板与人一起再次翻转成正面，溺水者身体顺势上板呈卧姿。控制平衡后，救援者自己爬上板，固定溺水者后划水返回（图 5-6-12、图 5-6-13）。

图 5-6-12　板底朝上控制

图 5-6-13　板翻正与上板

8. 固定、拖带与返回

（1）面对昏迷的溺水者：采取二次翻板救援技术将溺水者拖带上板。固定好后，压住溺水者的身体，防止其滑入水中发生二次溺水，然后采用卧姿划水返回岸边或浅滩。

（2）面对意识清醒者：可采取提携或帮助其爬上救生板，然后一起采用卧姿划水返回到岸边或浅滩。如果溺水者体力不支，无法自己爬上救生板，可以跳入水中，采取托举等方式帮助其爬上救生板，安全地将其控制和固定后，采用卧姿划水返回岸边或浅滩。（图 5-6-14、图 5-6-15）。

图 5-6-14　上板与固定

图 5-6-15　卧姿划水返回

9. 搬运与上岸

当海浪救生板到达浅滩水域时，岸上救援人员可接应和帮助，控制和稳定海浪救生板（图 5-6-16）后，立即将溺水者采取多种形式搬运上

图 5-6-16　控制和稳定海浪救生板

岸，进行现场急救处理。

（1）面对意识不清醒或昏迷者：平稳地将海浪救生板划向岸边或浅滩，采用肩背或双人、多人抬、扛搬运上岸；经现场评估后选择现场急救或送医院抢救，达到救援的目的。

（2）面对意识清醒者：用语言与溺水者进行交流，对其进行心理疏导，待其平静后对其进行搬运，共同上岸。

第七节　橡皮艇救援

充气式无动力橡皮艇（简称橡皮艇）救援涉及冲浪、避浪、借浪、冲滩等技术，是团队救援项目，可使用海上登礁、绳包、活饵、孤岛和快速救援。橡皮艇救援常用于海风 7 级以下、海浪 3 级以下的远距离孤岛、滩涂或登礁救援。

一、橡皮艇救援概述

橡皮艇救援是一项人工划桨产生动力的团队救援项目，可弥补游泳、桨板和海浪救生板等个人救援项目的不足。在平时风浪较小的海滩救援中，可开展巡逻、确保、监视、运输、救援（滩涂、孤岛）等任务。

（1）优点：在风平浪静时，可参与各项水上救援任务，承载 6~8 人，可替代其他浮具和舟艇救援。

（2）缺点：抗风浪能力较弱，划行速度慢，操艇要求齐心协力、动作一致，体力消耗较大；特别是遇到风浪较大（如风力超过 8 级、海浪超过 3 级），如果操作不当就很难冲出海滩参与救援，冲浪、避浪和借浪技术不良，则容易被大浪倾覆，造成人员落水，产生救援风险。

（3）适用范围：适用于江、河、湖、海滩、急流、城市内涝救援，特别适用于平静水域救援、警戒、巡逻、运输受灾群众及伤员转移等。

二、冲浪技术

橡皮艇海滩救援操艇内容不同于静水和急流。冲浪技术主要是提供用于海滩出发或途中受大浪的限制和影响的突破能力。如果处理不当就容易发生橡皮艇侧翻或倾覆事故。

冲浪技术主要用于海滩边的长浪区，一般为连续三个长浪，冲出后就可以在相对平缓的海面上继续划行，逐渐接近救援目标。（图5-7-1）

图 5-7-1　冲浪

（1）技术要点：沿海浪约45°角方向奋力划桨是关键，加快桨频和桨速，齐心协力，冲出长浪区后，海面会出现一个平缓区，可以调整体力，适当放松紧张的情绪，继续向目标划行前进。

（2）注意事项：每次遇到大浪时，艇头要沿海浪约45°角方向前进，千万不能正面接触浪峰，否则容易倾覆，造成人员落水或发生意外事故。

三、避浪技术

避浪技术是用于靠岸、登礁等时避开途中的回头浪，避免正面接触大浪的操艇技术。当遇到大浪区或回头浪时，要避开海浪的冲击，将橡皮艇停留在安全区域，当回头浪过去后，迅速划桨靠近岸边或登礁，控制平稳后，再接应和救援被困人员。（图5-7-2）

图 5-7-2　避浪

四、借浪技术

借浪技术的关键是控制橡皮艇的平衡与稳定。特别是接近浅滩时，会出现连续三个长浪现象。如果用好借浪技术，海浪的推力可将橡皮艇冲向海滩。此时，艇上人员不用快速划桨，只需要控制艇的平衡，就能够实现冲滩成功。（图 5-7-3）

图 5-7-3　借浪

五、冲滩技术

橡皮艇靠岸时，一般选择风浪较小、水面平坦的海滩。全体人员需齐心合力、动作一致地用最快的速度将橡皮艇划回到海滩安全区域冲滩登陆。遇到大浪时，可借助海浪冲击，控制橡皮艇并使其稳定后，借浪冲滩、上岸和搬运溺水者到达安全处。（图 5-7-4）

图 5-7-4　冲滩

第八节　机动冲锋舟救援

机动冲锋舟是水域救援的主要器材之一，根据材料结构可分为硬质船体的机械动力艇（简称冲锋舟，图 5-8-1）和软质船体的充气式机械动力艇（IRB）。

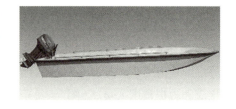

图 5-8-1　冲锋舟

冲锋舟通常由玻璃钢或铝合金材料制作，船体重量约 100~120 kg，吃水较深；船外机可以拆装，搬运方便，使用简单和安全。其可承载 8~12 人，速度快，机动性强。适用于军事、运输、巡逻工作，以及平静水域、城市内涝和抗洪救灾救援行动。

救援人员必须经过专业的培训，并通过考核获得合格证书后，才有驾驶 IRB（图 5-8-2）和参与救援行动的资质。下面重点介绍 IRB 船体和船外机的安装、船外机的保养与维修、驾驶技术和救援技术，以及团队救援的分工、协作和翻艇自救等内容。

图 5-8-2　IRB 驾驶

一、IRB 概述

1. 特点

（1）防撞性和安全性：IRB 是由防撞、防割、耐磨的高密度橡胶材料制作而成的，救援时具有良好的防撞性和较高的安全性，在国内外水上救援领域已呈现出全面取代冲锋舟的趋势。

（2）驾驶技术与救援能力：IRB 驾驶技术简单，操作灵活、方便，机动性强；IRB 救援具有速度快、可远距离救援、安全性高的特点，通常抗风能力为 6~7 级，阵风 8 级，抗海浪能力为 2~3 级，抗流速为 10~15 m/s，风险指数为 2~4 级。

（3）适用范围：适用于海上、急流和城市内涝救援，可以快速出勤、抗洪救灾、转移受灾群众，承担水上运输、巡逻和救援任务。

2. 优点

（1）船体重量轻，可以拆卸、折叠，便于贮存，可采取人工搬运或汽车拖带运输。

（2）船体吃水浅，方便进入浅水区和城市街道转移和运输受灾群众。

（3）可以快速躲避水下暗礁、障碍物，一般碰撞也不会造成船体损坏或破损，万一碰撞游泳者或溺水者，也不会造成严重损伤，已被广泛应用于各种水域的救援。

3. 缺点

平时不宜长期放置于室外，应避免长时间烈日下曝晒，否则容易发生橡胶接缝处开裂，损坏船体和影响使用期限。受太阳曝晒还容易使充气阀门和艇上挂扣脱落，从而影响 IRB 安装和救援功能。

二、IRB 结构与配件

IRB 呈"V"字的长方形或圆锥形，有多个独立的充气室，配有充气阀和排气阀；船底有固定拼板支撑，船尾有横板固定船外机、排水阀；船上配有船外机、油箱、油管、船头绳、船边绳、船桨和其他附件等（图5-8-3）。

图 5-8-3　IRB 结构示意图

（1）船体规格：4 人艇长 270～330 cm，宽 160～170 cm；6 人艇长 330～380 cm，宽 170～190 cm；常用的 8 人艇长 380～420 cm，宽 170～190 cm。

（2）船体气室：船体被分为数个独立的较小气室，气室由坚硬的橡胶纤维制成，分布于艇的两侧和前后，通常有 5 个充气胶管，管径为 40 cm；充气阀和排气阀分别安装在各个气室，主要用于充气和排气。如果某一气室因划破或刺破漏气，其他完整的气室仍可以保持艇的浮力。

（3）船底板：船底骨架底部呈"V"字形状连接，底板为 4 片铝合金或木制品、3 个双槽橡胶或铝条和 2 个单槽橡胶或铝条，用来支撑和固定船体，可以拆装。排水阀门在船尾横板下沿，通常设有 1～2 个，主要用于船体进水后排水。

（4）船外机：外挂在艇尾固定板上，配有主油箱 1 个，必要时可以配备副油箱 1 个，主要用于马达供油；油箱绳 1 条，是为了保持油箱在艇内的固定。

（5）其他附件：船前绳 1 条，主要作为靠岸与离岸缆绳使用；翻船绳 1 条，遇到救生艇倾覆，借助翻船绳可以快速翻转复位；脚踏式充气泵，作为船体充气工具；船体维修工具包、急救包各 1 组，作为船体、船外机维修和现场急救使用。

三、IRB 组装

1. 船体组装

应先将船体平摊在地面上，从船头和船尾开始拼接底板，直到底板组装完成。安装过程中应逐渐充气，每块底板一侧应先插于船内侧边，以此类推，最后压实中间底板，直到组装完成。（图 5-8-4、图 5-8-5）

图 5-8-4　船体组装件　　　　图 5-8-5　组装完成

当船底板全部组装完成后，可用脚踩实底板的拼接处，再将船边绳往上拉，使底部密合；可先充气 1/3 左右，再整理一次底板，检查卡槽是否密封、固定；再继续充气，直到可以使用为止。充气量检查可以用计量表，也可用大拇指按压橡皮艇，以陷入一个指印为标准。不同季节充气量应有区别，通常夏季充气达 80%～85%，冬季可充气达 90%～95%。

当整个船体成型后，可以安装油箱并用油箱绳固定，再安装船边绳、船前绳和其他附件，然后安装船外机螺旋桨的防护罩。

2. 船外机组装

（1）船外机搬运：一般短距离情况下，船外机功率在 30 P（1 P≈735 W）以下，可由单人上肩扛运到艇边摆放（图 5-8-6），供安装使用。若船外机功率达 50 P 或以上，则需要 2 人或多人抬、扛搬运到安装位置。

（2）船体搬运：将完整的船体放入水中或海滩上；近距离的人工搬运，有提、抬、扛等方式；远距离有汽车运输等方式。（图 5-8-7、图 5-8-8）

图 5-8-6　船外机搬运

图 5-8-7　人工搬运　　　　　　　图 5-8-8　搬运入水

（3）组装：将船尾挂架上的螺丝旋开放置，再旋紧并以船上的钢绳穿过把手，确保船外机不会在操作中因螺丝松开而掉落。

① 将船外机安装在艇尾固定板上，将凹槽部分扣入安装板，拧紧固定螺丝。

② 用安全绳穿过把手固定船外机，防止在驾驶过程中，因螺丝松动造成船外机掉落水中。（图 5-8-9）

（4）组装后检查：组装完成后，须对各部件进行全面检查（图 5-8-10）。

图 5-8-9　船外机固定　　　　　　图 5-8-10　组装后检查

① 检查油箱内的存油是否足够，油料混合比例是否正确。

② 检查油箱接头、油管、马达接头及油路到化油器部分有无漏油现象。

③ 检查桨叶片有无断裂或弯曲，桨叶螺帽及开口插销有无松脱。

④ 检查清洁程度及间隙，以免影响火花塞和马达正常工作。

⑤ 启动马达，检查冷却水出水口的出水是否正常，加油门时的马力输出情况是否正常。

3. 油箱和附件组装

船外机组装完毕后，接着组装油箱。油箱有硬式和软式两种，常用的是硬式油箱（图 5-8-11），是 IRB 重要的组成部件之一，主要包括油箱、油管、阀门、油量表和注油泵等部件。

组装前应首先清洁油管；其次放掉油管中的空气，连接到马达上；最后进行启动与熄火检验。

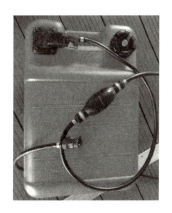

图 5-8-11　硬式油箱

（1）放气阀：加油时会有空气进入油箱，启动前要放空油箱内空气。

（2）油量表：油量表是用油量的刻度表；用手将油量表内部黑色小钮旋开即可通气，若不旋开可能会造成油路不顺。

（3）油箱盖：用来防止高温日晒、风吹雨打。

（4）油管：连接船外机和油箱的通道和供油管路。

（5）注油泵：当马达启动不了或油箱内有空气时，按压注油泵，可快速启动马达。

（6）汽油与机油的配比：使用的油料为无铅汽油与机油的混合油，磨合期内为 25∶1，磨合期后按 50∶1 配比。

（7）燃料系统检查：检查油箱接头、油管、引擎接头，确保油管连接方向正确，避免漏油。

四、IRB 船外机简介

船外机是 IRB 动力的主要来源，可以拆卸，使用时直接悬挂安装在船尾的横板上，不用时可以拆卸下来。（图 5-8-12）

船外机具有搬运携带方便、机械性能稳定、动力强劲、功率大、耗油低、环境污染小等特点。

船外机的发动机分为两冲程、四冲程和两冲程直喷式等型号。IRB常用的是两冲程直喷式船外机，燃烧混合油（汽油和机油，比例为25∶1或50∶1），操作有前进、空挡和倒退三个挡位。

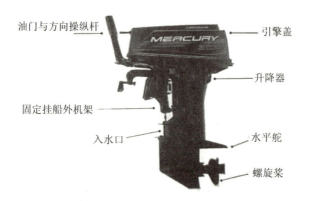

图 5-8-12　船外机示意图

1. 船外机的主要部件

（1）安全网罩：安装在螺旋桨叶片外，可以防止水中障碍物、漂流物、水下植物缠绕或破坏螺旋桨叶片，造成IRB失去动力，还可以避免螺旋桨叶片击伤落水或溺水者，造成救援危险或事故。

（2）油门与方向操纵杆：油门主要用来控制IRB加速、减速、停止，方向操纵杆决定向左、向右方向，由驾驶员操控。

（3）引擎盖：用来保护发动机的外壳，主要是保护马达不被风吹、日晒、雨淋，并具有一定的防水功能。

（4）升降器：当IRB行驶在浅滩或乱石丛中、离岸或靠岸时，可以使用升降器，将船外机提起，防止碰撞水下障碍物，保护船外机。

（5）固定挂船外机架：主要用来保护船外机直立摆放，避免横放造成马达内机油泄漏。

（6）入水口：主要是作为冷却水循环使用，避免船外机长时间运转，烧坏发动机。

（7）水平舵：主要是用来控制船体在行驶中的主方向与平衡。

（8）螺旋桨（又称推进机）：主要将马达的功率转换成推进力，可以快速和缓慢地前进或倒退。

2. 船外机使用前检查项目

（1）启动引擎之前，检查油箱内是否有油，无油须加满。

（2）检查油料混合比例是否正确（25∶1 或 50∶1）。

（3）检查油箱接头、油管、引擎接头及油路至化油器部分是否有漏油。

（4）检查桨叶片有无断裂或弯曲，桨叶螺帽及开口插销有无松落。

（5）检查火花塞部分的清洁程度和间隙，如果出现污染物或火花塞间隙不均匀，都会引起引擎不良反应，造成无法启动等问题。

3. 船外机常见故障及原因

船外机常见故障及原因详见表5-8-1。

表 5-8-1 船外机常见故障及原因

故障	原因
发动机不能启动	检查并调试燃料系统、点火系统、电气系统
发动机不停	线路停机，引线断路，停机钮损坏，电子点火器损坏
失掉功率（点火正常）	化油器，燃料泵和油箱，引擎，下盘装置过热
发动机点火不良	火花塞、点火系统、油箱螺帽未打开
船上表现不良	发动机未调校、螺旋桨打转
调挡失当	引擎连接器未连接或连接错误，使用不正确的机油导致调挡模块损坏
发动机不能操作	充电线路不对，整流器整流子损坏，产电线圈短路或断路
始动发动机不能操作	始动线路不对，始动器所需电流过量
动力艇操作不稳	船体充气不正常

4. 船外机清洗和维护

（1）船外机清洗：当船外机意外落水时，应立即打捞上来，返回岸边后立即用淡水冲洗船外机，并做拆解处理。

① 应尽可能完全、仔细地进行拆解和清理工作，防止因浸水后造成马达内部严重生锈或受腐蚀，影响船外机质量和寿命及以后正常使用。

② 清洗完毕后，打开发动机盖，拆去火花塞、化油器、泄油孔及滤清器，放完残存的油料，倒出缸内所有水分。将润滑油倒入每个缸中，

转动飞轮盘，使润滑油附着于每个缸壁上形成油膜，再将发动机翻过来从化油器倒入适量的机油，再次转动飞轮盘让润滑油附着化油器。

③ 检查发动机浸水程度和清洗效果，并尽快将船外机送至就近的经销商或修理店，做进一步的维修和保养。

（2）船外机拆除：拆掉固定在船尾板上的固定螺丝，并松掉船外机固定架上的锁定螺丝，再将船外机从船上直立地搬运到岸上。

摆放时以机脚支撑，双手扶着使船外机直立于地上，清除机内多余水分，搬运时应小心，勿使桨叶受损，缸头的位置应高于桨叶位置。操作时应站定，以两人操作为原则，上提的动作应一致。

为了不影响下次使用，船外机拆除后应注意以下几点：

① 船外机贮存应使用固定架直立式放置，切勿横躺于地面。
② 使用润滑油保养引擎内部。
③ 船外机外部应擦拭干净，保持清洁。
④ 船外机使用后应加注润滑油保持机内润滑。
⑤ 船外机应放置于室内或室外空气流通的阴凉处，禁止阳光曝晒。
⑥ 船外机若有外壳保护套，应及时套上，防止灰尘侵入，以起到保护作用。

五、IRB 驾驶技术

IRB 驾驶技术是舟艇救援的重点技术之一，主要包括启动与熄火、离岸驾驶、靠岸与冲滩驾驶、途中驾驶等，必须熟练掌握，严格操作规范和流程。

驾驶途中遇到障碍物、危险水流或风浪，需要正确判断和规避，选择最短的距离和最安全的路线，快速驶向救援目标，防止 IRB 侧翻或倾覆。

1. 驾驶员的位置

驾驶员可以按个人习惯在左侧或右侧，通常为高跪姿操作 IRB。驾驶员的职责是确保 IRB 得到控制，且快速、平稳地行驶。

2. 启动与熄火

启动前首先要把发动机的钥匙插入，调整风门，然后用拉绳法。

拉绳法启动（以右手为例）：左手先套上紧急熄火拉绳，再顶住引擎盖上方，右手握绳柄，先把绳子拉出一点，等感觉卡簧已卡到转轮时，再将启动绳一次拉出，放回时不可松手，应随绳柄恢复到引擎盖上的定位再放手。右手转动手柄进行加速或减速。

启动后即刻检查引擎冷却水出水口水流量是否正常，若水流量过低，应立即停机（熄火）检查，以免引擎过热受损。其不正常原因可能为冷却水管堵塞或水泵叶片破损。启动后应将油门杆恢复到最低速位置，方可拨动排挡杆前进或后退。冷机启动，应先暖机 1 min 后再开始发动机操作。

熄火前应将油门旋至最低速，排挡杆切换到正中央空挡位置，按下熄火钮或拔掉钥匙即停止运转。若遇紧急状况必须立即停艇，只需按下熄火钮或拉出风门或直接拉开套在左（右）手上的紧急熄火拉绳。

平时钥匙的连接可扣挂在救生衣上，若驾驶员不慎落水时，连接扣就会将钥匙脱离卡扣，船外机会立即熄火，避免船艇失控发生意外事故。

3. 离岸驾驶

水域救援存在着许多不可预知的风险与环境因素影响。

（1）岸边离岸驾驶：IRB 船头朝内顶在岸边，船尾朝外避免船外机碰撞岸边损坏。当全体人员坐到固定位置后，驾驶员立即启动马达，预热发动机和检查 1 min 后，先倒艇驶离岸边；然后根据目标调整好方向，缓慢地离岸到安全位置，调头选择目标方向直线加速驶向救援地点。（图 5-8-13）

（2）海滩离岸驾驶：IRB 艇头朝外，两人在水中扶住，驾驶员启动马达后，逐渐移动到一定深度的水位，扶艇人员快速登艇，待全体人员坐定后，驾驶员根据目标选择路线，逐渐加速驶向目标区域。（图 5-8-14）

图 5-8-13　岸边离岸驾驶

图 5-8-14　海滩离岸驾驶

4. 靠岸与冲滩驾驶

IRB 靠岸或冲滩应选择风浪和水流较小的位置，要观察风浪和水流的方向，做顶流顶风靠岸或快速冲滩。（图 5-8-15、图 5-8-16）

图 5-8-15　靠岸

图 5-8-16　冲滩

（1）艇将靠岸时，遇到风浪或水流较小时，应将油门旋至慢速位置，到适当距离后，打空挡借浪将艇慢慢地靠向岸边。

（2）冲滩时，顶浪或顶流快速地冲向浅滩，必要时将船外机上提到适当位置，以防碰撞水下障碍物或插入泥沙中。

（3）将系船绳固定于岸上的缆绳桩。

图 5-8-17　直线驾驶技术

5. 途中驾驶

（1）直线驾驶技术：主要是控制动力艇平衡，选择安全的路线快速前进。（图 5-8-17）

直线驾驶前进时，压住艇头，逐渐加速直到最高时速。禁止突然将油门拧到最高速，尤其是突然提速，这样做容易损坏发动机。当风浪较大时，艇头要沿浪峰 45°角做切浪驾驶技术，防止正面遇到大浪发生翘头，造成倾覆或侧翻。

（2）绕行驾驶技术：上弯道时加速，过弯道时减速，保持动力艇平衡，艇上人员根据绕行"S"形方向改变身体姿势，配合驾驶员顺利完成转弯和绕行，动力艇没有甩尾动作。完成绕行后立即加速直线前进。IRB 绕行驾驶技术是在直线驾驶技术的基础上控制好动力艇的平衡，选择绕行方向，安全、快速前进。（图 5-8-18）

绕行驾驶前进要控制好方向，当风浪较大时，艇头要沿浪峰45°角方向做绕行驾驶技术，防止正面遇到大浪发生翘头，造成倾覆或侧翻。

（3）转弯驾驶技术：IRB驾驶员应根据不同的水域环境，掌握转弯驾驶技术，躲避障碍物或游泳者。转弯技术可分为大转弯和小转弯（图5-8-19、图5-8-20）。

图5-8-18　绕行驾驶技术

图5-8-19　大转弯驾驶　　　　图5-8-20　小转弯驾驶

① 大转弯驾驶技术：驾驶员控制方向，转弯时适当减速，避免快速转向造成侧翻或倾覆。如向右转弯时，将船外机向左推动，逐渐将艇头转向向右转弯的方向，艇上人员配合转动方向，身体向转弯方向倾斜，借助向心力，使IRB快速地转弯；反之，则是向左转弯。待顺利完成转弯后，再逐渐加速，控制好艇的平衡，向前方行驶。

② 小转弯驾驶技术：接近转弯角时，要突然减速或停车，利用离心力的惯性作用，将艇顺势转弯，然后再加速向前行驶。初学者应减速控制IRB平衡，避免速度过快或转弯过急而造成侧翻或倾覆。

③ "S"形驾驶技术：当水面或水下有障碍物或暗流时，可选择绕行或避开危险区域，防止IRB碰撞或损坏，驾驶员控制艇的方向和平衡。（图5-8-21）

图5-8-21　"S"形驾驶技术

④"Z"形驾驶技术：主要运用于急流驾驶。当 IRB 无法直线驾驶或逆流驾驶困难时，则可采取"Z"形驾驶技术。操作方法为沿上游水流的45°角方向走"Z"字形路线，逐渐逆流而上。要控制好艇的动力和速度，根据水流速度、风浪等级加速与放空，运用正确的驾驶技术躲避水下障碍物。

（4）冲浪驾驶技术：是 IRB 避免发生侧翻或倾覆的驾驶技术。当大浪来临之前，IRB 要对准海浪或水流的45°角方向做切浪运动，逐渐加大油门等待海浪到达，当波涛和涌浪到达时，立即加大油门快速前进，冲过大浪。（图 5-8-22）

图 5-8-22　冲浪驾驶技术

（5）借浪与冲滩驾驶技术：当大浪从艇的侧面或后面涌来前，驾驶员要平稳地控制 IRB，及时控制油门。当涌浪到来时，艇要冲在浪前面，借助海浪的推力，沿着浪峰平稳行驶在前方，直至驶离大浪区。冲滩时借助海浪的推力，加速冲向浅滩。

（6）避浪驾驶技术：IRB 避浪驾驶技术近似于冲浪技术，可避免被海浪或急流掀翻，造成侧翻或倾覆。当海浪从正面涌来时，应加大马力快速地沿海浪边缘45°角方向加速前进，赶在下一波浪峰到来之前越过此浪峰，以免被海浪侧面冲击。躲过大浪之后，立即加速驶向平缓海面。

（7）综合水域驾驶技术：IRB 在行进中会遇到不同的水域、水流、风浪状况，如何正确地驾驶、躲避、绕行、急停和倒退，需要掌握 IRB 综合水域驾驶技术。

① 浅滩水域行驶：IRB 在礁石丛中行驶时，要注意水深（至少大于 40 cm）；遇到礁石或水下乱石时，要提起船外机，避免碰撞或摩擦造成船外机或船体损坏。

② 急停与倒退：当遇到无法躲避的水下障碍物或危险水流时，应立即停艇观察，保持艇位稳定后，再修正路线，防止碰撞或侧翻，必要时可加大马力向后倒退，躲避风险。

六、IRB 救援技术

1. 舟艇绳包救援

当 IRB 接近岛礁但无法靠岸时，应选择合理的距离把艇上的绳包抛向岛礁进行救援。可以利用抛绳将救生衣运送到岛礁上，待被困人员穿上救生衣后，救援人员采取收绳包技术依次将岛上被困人员拖带到艇上，然后返回岸上。（图 5-8-23、图 5-8-24）

图 5-8-23　IRB 抛投绳包

图 5-8-24　抛绳拖带

抛投姿势可根据距离选择上手抛投法、下手抛投法等。

（1）技术要点：参照岸上抛投绳包救援（此处略）。

（2）重点：正确判断救援位置，艇员之间相互配合，适时选择绳包抛投，控制间隔距离，确保抛投的准确性和成功率。

（3）难点：风力、风向控制。

（4）注意事项：规避海浪与礁石对安全的影响。

2. IRB 水上直接救援

当发现有人在水中受困或需要救援时，IRB 距离救援目标 3 m 左右距离时控制发动机的速度，缓慢地随潮流靠近目标身边。

操艇手控制速度和距离，救援手抓住水中人员的腋下或其救生衣的肩带，身体后倒将被救者救入舟艇。如果水域环境允许，可以做"O"形或"U"形快速救援，利用艇的向心力，将被救者快速地提拉上艇，然后返回岸上。（图 5-8-25）

图 5-8-25　IRB 水上直接救援

3. 登礁救援

驾驶 IRB 选择风浪较小的区域接近岛礁或靠岸，靠岸前应保持一定的安全距离。采用不熄火、减速、倒退、绕行、漂浮等方式，观察礁石周围情况，等待时机顶浪靠岸，将船头绳交给岸上人员，固定艇后，直接将岸上或礁石上的被困者转移到 IRB 上，然后快速返回海滩或码头。（图 5-8-26）

图 5-8-26　IRB 登礁救援

4. IRB 活饵救援

在遇到危险水流或风大浪高的恶劣环境，IRB 无法靠近或抛绳救援也无法完成救援时，则可以选择活饵救援方式实施救援。

技术要点：救援人员乘坐 IRB 接近目标，穿戴合格的专业救生装备，从艇上跳入水中，借助救生衣上连接的安全绳快速游泳接近被救者。

（1）救援人员穿好救生衣，扣上安全绳，平跳式从艇上出发，入水后快速地游向目标，艇上确保人员抓住安全绳进行收放，直至救援人员抓住被救者为止。（图 5-8-27）

（2）救援人员控制好被救者之后，向艇上发出"OK"的手势指令，一起后倒进入水域环境，让

图 5-8-27　IRB 活饵救援出发技术

被救者身体漂浮在水面，并控制被救者，避免其下沉或漂走，艇上确保人员缓慢地将他们一起拖带返回到艇边。如果遇到风浪较大，无法拖带接近艇边，艇上确保人员控制安全绳，IRB 缓慢地离开危险水域。

（3）当被救者靠近艇边时，操艇手缓慢地倒艇牵引被救者离开危险水域，或做钟摆拖带到艇边；艇上确保人员协同救援人员一起将被救者提拉上艇，救援人员最后上艇，确保安全后返回。（图 5-8-28、图 5-8-29）

图 5-8-28　IRB 活饵救援接近

图 5-8-29　IRB 活饵救援拖带

5. 孤岛救援

当发现有人被困在孤岛上时，救援队应立即驾驶 IRB 快速接近岛礁，实施孤岛救援和受灾群众转移。

（1）当风浪较小、水下情况明了时，IRB 应选择风浪较小的水域靠岸，采取登岛救援。

（2）遇到风浪大，IRB 无法靠近孤岛岸边或礁石时，则可采取舟艇绳包救援。

（3）如果以上两种救援方式均无法完成救援任务，则可选择 IRB 活饵救援。先运送装备与器材，让被救者穿上救生衣，然后实施活饵救援。

6. IRB 快速救援

驾驶 IRB 以艇边靠近被救者，然后救援人员用双手抓住其救生衣的双肩带，待固定后，使用"O"形或"U"形救援技术，利用向心力将被救者快速地提拉上艇，艇上人员协助拖带，完成救援任务。（图 5-8-30）

（1）"O"形救援技术：IRB 接近被救者，救援人员抓住被救者后，动力艇立即加速，形成"O"形状态绕行驾驶，达到快速救援的目的。在水域环境允许的情况下，可采取快速救援方式，确保救援成功率。（图 5-8-31）

图 5-8-30　IRB "O"形和"U"形救援技术

图 5-8-31　"O"形救援技术

（2）"U"形救援技术：直线加速后转入绕行，做开口型的"U"形驾驶，即接近绕行位置时，要减速或挂空挡来放慢前进速度，利用水流和马达低速前进，完成绕行后再加速形成"U"形状态，常用于复杂水域驾驶和救援。（图5-8-32）

图5-8-32　"U"形救援技术

九、IRB翻舟自救

图5-8-33　IRB翻舟自救

IRB翻舟自救的具体流程可参见橡皮艇翻舟自救内容。由于船外机和船体的重量大，只配置救援人员2~3人，一旦遇到IRB倾覆或侧翻情形，翻舟自救难度较大。（图5-8-33）

（1）人员分工：通常1人快速抓住IRB艇边绳，利用船外机作为台阶爬上艇底，另1~2人作为辅助翻艇力量，用手或桨顶起船外机，协助翻转IRB复正，然后全体队员依次登艇。

（2）涉及技术：落水后逃离艇的覆盖、防止船外机砸到身上、水中登艇、扶正复位、依次登艇、人工划艇返回、船外机修复。

登艇完成后，艇长（驾驶员）应先检查发动机是否可以启动，若不能启动，应快速查明问题和维修。如果无法修复，则借助IRB备用的船桨进行人工划艇返回至安全水域或洄流区等待救援。

思考题

1. 简述海浪与风力的关系。
2. 简述海滩水域救援的风险管控。
3. 浮标游泳救援操作流程有哪些？
4. 橡皮艇搬运技术有哪些？
5. 橡皮艇操艇技术与分工合作应注意哪些问题？
6. 翻舟自救操作流程有哪些？翻舟自救应该注意哪些问题？
7. 船外机使用前应做哪些检查？
8. IRB 在水上救援中有什么优势？
9. IRB 救援团队人员的分工与职责是什么？
10. 孤岛活饵救援与抛绳包救援有什么区别？

第六章
冰面救援

◇ **本章学习目标**

了解冰面救援的定义、特点、基本原则、基本装备配置及主要内容；充分认识冰面救援的难点，明确失温控制、冰层厚薄评估、救援速度和风险管控等任务要求及冰面救援应注意的问题；掌握冰面救援技术。

第一节　冰面救援概述

我国北方大部分地区冬季漫长，气候寒冷，每年11月中旬开始结冰，翌年4月融化，结冰期长达五个多月。有些区域气温低于-20 ℃，冰层平均厚度达到30 cm以上，在冰面上可以行走、骑车、溜冰、钓鱼等，还可以开汽车。有些区域日间气温在-10~-8 ℃之间，冬季夜间气温低于-8 ℃，当白天受阳光照射和风力影响时，气温上升并接近-5 ℃，冰层的厚度不一，这时的冰面是最脆弱的。冰层还没有达到安全厚度时，行人或车辆通过冰面将会面临极大的危险，可能发生冰面塌陷，造成人员坠冰落水伤亡。

近年来，极端天气情况增加，冰面塌陷事故呈逐年上升趋势。据统计，我国每年冬季会发生近1 000起人员和车辆冰面塌陷落水事件，只有20%~30%的冰上救援是成功的，还有一少部分是自救和互救，其中40%会造成人员伤亡且有些肢体的冻伤是不可逆的。冰上救援的形势越来越紧迫，且存在冰上救援知识匮乏、相应器材装备缺乏等情况，所以需要有系统的冰上救援知识体系和更加专业的器材作保障。

一、冰面救援的定义

冰面救援是指在冻结的江河湖海的冰面或有浮冰及未冻结流动冰水环境的寒冷水域开展的救援行动。通常是指在气温 0 ℃ 以下或水温 -10 ℃ 以上的冰面，发现有人被困、落水而开展的救助行动。主要是针对在冰水、冰面、冰川发生的人员溺水、被困、坠落事故而实施的营救行为，是拯溺救难和人道主义的体现。常用的措施有安全教育与宣传、安全警戒、安全救援等。

冰面救援危险性大，救援专业性高，需要救援人员具有较强的专业能力及相应的救生器材，提高队伍冰面救援专业素养。

二、冰面救援的特点

冰面救援主要是对冰水、冰面、冰川发生的人员溺水、被困、坠落事故实施营救，可分为冰面脱困救援，冰窟窿落水救援，冰川探险搜救，冰面破裂溺水救援，寒冷水域的拯溺救难、潜水搜救与打捞救援。由于人体在冰水中失温过快，留给救援人员的时间其实很短。一旦发生落水事故，遇险人员若不能及时脱险，会在短时间内因低温伤害出现神志不清、四肢麻痹、心跳加速等问题。如果落水超过 10 分钟，遇险人员就会出现肢体麻痹、抽筋、全身麻木，失去自救及自主活动能力。如果 30 分钟以内没有得到有效救援，则生存希望甚是渺茫。所以，冰面救援首先要快，即让遇险人员第一时间脱离寒冷水域；其次是保暖，以延长救援时间；最后是合理运用救援技术，确保救援的成功率。

三、冰面救援的基本原则

冰面救援的重点首先是防止人体失温、冻伤、四肢僵硬、麻痹或死亡；其次是配备合格的救援装备和器材；最后是快速救援，提高成功率，降低死亡风险。

（1）救援人员必须穿着合格的救援保暖装备，防止救援时体温流失过快，影响救援质量；同时，在条件允许的情况下，可以携带保暖装备为遇险人员保暖，延长其等待救援时间。

（2）判断和评估冰层厚薄情况，尽量选择单人接近、团队配合的救援方式，以减轻人体在冰面上的重量，防止因承载力不够造成冰面再次塌陷，导致救援失败。

（3）快速使遇险人员脱离冰面或寒冷水域，防止其出现失温现象，导致其全身麻痹和心跳过速，发生死亡危险。

（4）加强现场环境维护，确保救援工作顺畅，抓紧制订科学、合理、快速的救援方案，考虑多种切实可行的救援预案，确保救援安全和成功率。

四、冰面救援基本装备配置

防寒是冰面救援的第一要素，速度是第二要素，技术和装备是不可缺要素。因此，应配备个人保暖装备、冰面救援专门器材，以团队救援为主，确保自身安全和提高救援成功率。（图6-1-1）

图6-1-1　冰面救援装备套装

（1）搜救装备：携行装备、车辆装备、救援探测仪器。

（2）个人防护装备：救援头盔、救援手套、救援靴、冰面防寒服、专业救生衣、个人漂浮装备、功能性服装、头部保护装备、手部保护装备、足部保护装备、个人辅助装备。

（3）绳索作业装备：绳索救援装备、锚点制作工具、绳索相关个人装备。

（4）救援作业装备：频闪及照明装置、水下探测工具、水上救援平台。

五、冰面救援的内容

冰面救援的内容包括现场评估、设置警戒、事故救援、救援过程和救援流程。冰面救援应做到发现及时、快速救援、措施到位、减缓体温流失。

（1）现场评估：救援队员应当充分评估现场，判断、预测冰层的厚薄程度和承载力，并观察救援现场地貌及被困人员生理情况，评估完成后，及时制订科学合理的救援方案。

（2）设置警戒：在现场评估的同时，应该派出警戒人员设置警戒区域，禁止无关人员进入，避免外界因素影响救援。

（3）事故救援：在不同环境下实施救援，应根据当前的装备情况，采取不同的救援方式。冰面救援是一项危险性大、救援技术性高的救援项目，需要救援人员具有较强的专业能力及相应的救生器材，才能保证救援任务的完成。冰面救援要坚持岸上救援优于冰上救援、器材救援优于徒手救援、团队救援优于个人救援的原则，用最短的时间完成救援任务。

（4）救援过程：救援人员必须穿戴防寒内衣，使用器材，采取团队救援行动，救援方式包括岸上救援、活饵救援等，可采用冰水两用救生筏、遥控水上机器人等先进装备和无人机定点抛投、重型潜水及水下破拆等救援技术。

（5）救援流程：主要有冰面接近、器材救援、脱离险境、保暖、上岸、现场急救或快速送医治疗。

第二节　冰面救援基础知识

冰面救援主要涉及冰面、冰水、冰川、浮冰等环境。当冰层还没有达到安全厚度时，人们在冰面上行走、骑车、溜冰、钓鱼等，容易发生意外事故。若不能及时脱险，会在短时间内因低温伤害出现神志不清、四肢麻痹、心跳加速等致命问题。

冰面救援最大的难点是防寒，应配置合格的个人保暖装备和救援器材，掌握快速、合理、有效的救援技术。

一、人体在低温情况下的适应能力

人体的正常体温约为 37 ℃，当体温低于 35 ℃时，就会发生体温过低现象。一般在 0 ℃以下的水中，容易发生冻伤、四肢僵硬，10 分钟就会全身失去知觉；在 -10 ℃的冰水中，4 分钟左右就会全身麻木，失去自主能力；在 -20 ℃及以下极寒的冰水中，生存时间仅为 1~2 分钟。因此，在寒冷水域发生溺水现象，首先要保温，其次是逃生，最后才是等待救援。体温对应的生命体征表现详见表 6-2-1。

表 6-2-1　体温对应的生命体征表现

体温/℃	生命体征表现
37	正常
36	颤抖
35	心智混乱，即出现体温过低、言语含糊、神志不清现象
34	颤抖停止
33	肌肉僵硬、心跳可能不规则
30	无意识
28	心跳停止

二、人体落水失温的救护

体温过低就是失温，是指身体内部的温度降低。人体失温不到 3 ℃就会有危险；如果身体内部温度降低 5~9 ℃，就可能有致命危险。为此，做好落水者失温的救护，是冰面救援的关键。失温程度对生命体征的影响见表 6-2-2。

表 6-2-2　失温程度对生命体征的影响

失温程度	体温/℃	对生命体征的影响
轻度失温	36~35.5	身体发冷、颤抖、心跳加速、有尿意、手部动作轻微失调

续表

失温程度	体温/℃	对生命体征的影响
中度失温	35~32.2	肌肉不协调、颤抖减慢；步履蹒跚、无知觉、昏睡、神志不清、语言含糊
严重失温	32.2~29.4	颤抖停止，身体无法接受指令与行动；视力丧失、神智混乱、昏迷
极度失温	≤29.4	血压降低、瞳孔放大、死亡

人体穿着湿衣服比穿着干衣服失温速度快 25 倍，风吹会发生风寒效应，即风速达 9 m/s 时，体感温度为 0 ℃。水中的导热系数比静空气大 32 倍，即在水中比静空气中失温速度快 32 倍，所以保暖是关键，一旦落水应快速脱离寒冷水域环境，及时保温，避免体温流失过快。

（1）迅速脱掉潮湿冰冷的衣物，用毛毯和干衣物覆盖保暖，阻止体温继续下降。

（2）对落水者进行全身肌肉按摩，促进血液循环。

（3）在条件允许的情况下可用热水袋、清醒者用热水浴来恢复体温；在野外条件下，燃起篝火并用施救者体温传导，以防失温者体温下降，让其饮用适量的热饮（温开水、糖水等）。

（4）对落水者的救护要全力以赴，不能轻易放弃，依照心肺复苏和 AED 操作规范进行急救。在施救的过程中要及时通知医院或救护队，随时观察落水者情况，直到医护部门接收。

三、失温控制

在寒冷水域，不动的水域容易被快速冻结，形成厚冰；而流动的水域则会出现冰面厚薄不一，甚至不结冰。一旦发生落水或被困事故，人体就容易产生冻伤，乃至四肢僵硬；若被流动的水流推入冰层下面，后果更不可想象，由于冰层水下缺氧，会引起人体呼吸困难，甚至窒息死亡。

四、冰层厚薄评估

冰面救援首先要进行现场评估，判断和预测冰层的厚薄程度、承载能力。通常在室外气温达到 -10 ℃ 以下时，河道结冰厚度可达 10 cm 以上，如果气温达到 -40 ℃，冰面厚度可达 20~30 cm，其不但可以承载人的冰上行走、溜冰、捕捞等娱乐和生产活动，甚至可以行驶车辆。

随着气温下降，当气温达到-10℃以下时，结冰面沿着岸边逐步向中心扩展，冰层厚度由薄变厚；由于水流的原因，冰层厚度会不均匀，在未封严的水面，水道中出现不规则、大小不一的浮冰流动。然而，当气温回暖时，冰层会逐渐融化，通常岸边相对较薄，中间较厚。因此，在冰面救援中，往往近水冰层较薄，承载力较低。

开展冰面救援时，首先要维持周边环境的秩序，避免围观人员进入救援地，防止冰层无法承载多人的压力；其次选择重量较轻、受力面较大的桨板、冰面救援长板，承载救援人员接近遇险或被困人员。救援团队架设绳索救援系统配合救援人员，达到快速救援和确保成功的目的。

五、救援速度

通常由于过低的气温、凛冽的寒风，遇险人员在寒冷的冰水环境下已几乎失去自主和自救能力，采取间接救援方式，其救援效果往往甚微。

复杂的、不明的水下情况和较远的救援距离，给冰面救援行动带来了极大的困难，随着时间的延长，救援风险变大，救援环境也会变得更加恶劣。如果救援人员无法直接靠近遇险人员，在远距离展开救援行动，肯定会增加救援的难度和延长救援时间，一旦时间过长，容易造成救援人员体力消耗过大，热量消失过快，容易造成冻伤和救援器材损坏，使救援行动难以顺利实施。

救援人员借助专业的救援器材，如携带桨板、冰面救援板、冰水救援吊索等，在团队人员的配合与帮助下，快速接近遇险人员，使用脱困或提吊工具，使遇险人员脱离险境，将其运输返回。

六、冰面救援的风险管控

冰面救援主要面临冰面、冰水、冰川等寒冷水域环境。

（1）当冰层平均厚度达到30 cm以上时，若人员被困，只要及时输送食物、保暖装备，则可以安全脱险。

（2）当天气逐渐转暖，冰面受阳光照射和风力影响不同，冰层的厚度不一，人们在冰面上行走、骑车、溜冰、钓鱼等时，一旦发生冰面坍塌、破碎则会发生落水事故。此时，救援必须快速、安全，遇险人员若不能及时脱险，会在短时间内因低温伤害出现神志不清、四肢麻痹、心跳加速等问题。

（3）当发生冰窟窿落水、冰川遇险急需救援时，救援的重点是防寒，尽量避免入水救援，以防体温流失过快；以器材救援为主，避免徒手救援，以免发生意外而双溺；以团队和先进器材救援为主，达到风险管控的目的。

七、冰面救援应注意的问题

（1）快速施救。冰面救援讲究时效性，越快速到达事故现场，冰面情况变化就越小，救援成功率就越高。

（2）保持距离。救援时，救援人员需要尽量接近遇险人员，越接近遇险人员就越便于救援，可以使用的方法就越多。但又不能靠得太近，要保持 10~20 m 的距离，距离太近会破坏遇险人员身边相对稳定和平衡的冰层，导致冰面再次塌陷。一般可以使用冲锋舟等作为救援中继基地，从此处开始救援安全承载人数多，距离遇险人员 15~20 m 之内，救援容易开展。当救援人员接近遇险人员时，一定要从遇险人员走过的路线接近，因为遇险人员走过的冰要比遇险人员前面的冰更坚固。

（3）减轻质量。要选择体重较轻的救援人员进行救援，并尽量减轻其自身质量，匍匐前进，且不能携带尖锐物等可能破坏冰面的工具。

（4）掌握冰层情况。温度升高，冰层结构会发生变化，所以根据天气情况及时掌握冰层情况非常重要。每天阳光最大照度是中午 12 时，气温最高点是 14 时，那么在吸收阳光和外界温度的同时，冰面温度最高点是在中午 12 时至 14 时。如果是 12 时之前进行救援，冰面将会越来越脆弱；如果是 14 时之后进行救援，冰面将会越来越坚硬。掌握好冰面的硬度，会让现场的决策更加准确、安全。

第三节　冰面救援技术

冰面救援危险性大，专业性高，需要救援人员具有较强的专业能力以及相应的救援救生器材。冰面救援技术主要是以岸上救援为主,其次是器械救援(舟艇、救援车、救援套装),再次是涉水或现代器械救援(直升机)。

一、冰锥救援

借助冰锥作为支撑点,在冰面缓慢匍匐前进,接近遇险人员,抓住后缓慢地拖带脱离险境。(图6-3-1、图6-3-2)

图6-3-1 冰锥匍匐前进　　　　图6-3-2 冰锥冰面移动

二、可漂浮担架救援

1. 装备配置

需要配置水域救援头盔、水域救援手套、水域救援靴、干式救援服或冰面救援服、急流救生衣或消防专用救生衣、可漂浮担架、冰锥、探冰杆、安全钩、安全绳、救生圈等装备。(图6-3-3、图6-3-4)

图6-3-3 可漂浮担架　　　　图6-3-4 可漂浮担架救援

2. 操作规程

救援小组以4人一组为宜。一般采取陆上2人协助牵引收绳,1人救援,1人观察和协助救援。

(1)陆上救援队员首先将安全绳与可漂浮担架连接固定,并将可漂浮担架牵引绳与冰面救援队员连接固定,一名冰面救援队员携带冰锥、可漂浮担架和救生圈,另一名冰面救援队员利用冰锥探索安全区边缘。

(2)冰面救援队员利用探冰杆抵达安全区边缘,对现场进行安全观察。当抵达冰面强度不足区域时，冰面救援队员俯身趴在可漂浮担架上，利用冰锥继续前进至被困人员处。

（3）冰面救援队员到达被困人员身边，将救生圈套于被困人员身上，并用可漂浮担架抵住被困人员身体，该冰面救援队员收拉救生圈牵引绳，另一名冰面救援队员则双手拉住被困人员，协同用力将被困人员牵拉至可漂浮担架上。

（4）当被困人员上半身置于可漂浮担架上时，冰面救援队员示意，陆上救援队员收拉可漂浮担架牵引绳，将被困人员牵引至安全区域。

三、可漂浮担架和漂浮台板救援

1. 装备配置

可漂浮担架和漂浮台板救援需要配置水域救援头盔、水域救援手套、水域救援靴、干式救援服或冰面救援服、急流救生衣或消防专用救生衣、可漂浮担架、冰锥、探冰杆、安全钩、安全绳、救生圈、漂浮台板等装备。

2. 操作规程

救援小组以4人一组为宜，一般采取陆上2人协助牵引收绳，1人救援，1人观察和协助救援。

（1）陆上救援队员首先将安全绳和救生圈、可漂浮担架和漂浮台板进行连接固定，并将牵引绳与冰面救援队员连接固定。一名冰面救援队员携带冰锥、可漂浮担架、漂浮台板和救生圈，并利用探冰杆向被困人员前进（图6-3-5）。

图 6-3-5　探冰杆前进

（2）冰面救援队员利用探冰杆抵达安全区边缘，对现场进行安全观察。当抵达冰面强度不足区域时，冰面救援队员俯身趴在可漂浮担架上，利用冰锥继续前进至被困人员处，漂浮台板也可挂在冰面。

（3）冰面救援队员抵达被困人员身边，将救生圈套在被困人员腋下，并利用漂浮台板抵住被困人员身体，然后示意陆上救援队员牵引救生圈牵引绳,将被困人员拉至漂浮台板上。当被困人员身体位于漂浮台板达到救援条件时,冰面救援队员示意陆上救援队员收拉可漂浮担架和漂浮台板牵引绳,将被困人员拉至安全区域。

四、单杠梯救援

1. 装备配置

单杠梯救援可配置水域救援头盔、水域救援手套、水域救援靴、干式救援服或冰面救援服、急流救生衣或消防专用救生衣、两架单杠梯、扁带、冰锥、探冰杆、安全钩、安全绳、救生圈等装备。

2. 操作规程

救援小组以4人一组为宜。一般采取陆上2人协助牵引收绳,1人救援,1人观察和协助救援。

(1) 陆上救援队员首先将安全绳与两架单杠梯连接固定,然后将两架单杠梯并排置于冰面上,将牵引绳与冰面救援队员连接固定;一名冰面救援队员携带扁带和安全钩,采取匍匐或者跪姿,利用两架单杠梯交替向前,以防受力不均压碎冰面。

图 6-3-6　单杠梯救援

(2) 冰面救援队员到达被困人员身边,先利用扁带固定被困人员,固定完毕后将单杠梯向水下斜插入被困人员躯干下方,并运用安全钩将被困人员手腕与单杠梯固定。(图 6-3-6)

(3) 利用杠杆原理将被困人员从水下抬起;举手示意陆上救援队员对两架单杠梯进行牵拉(牵拉过程要慢,避免破坏冰面),直至抵达安全区域。

五、救生杆救援

救生杆作为延伸救援距离的基本工具,适用于救援距离较近,被困人员意识清醒,有一定的自主行为能力的情况。

1. 操作方法

救援人员匍匐接近救援目标,让身体与冰面增加接触面,避免冰面塌陷或破碎而导致落水;尽可能接近被困人员位置,让其抓住救生杆,

将其拖带靠近岸边,提拉上岸。(图 6-3-7)

2. 注意事项

(1) 判断冰面情况,缓慢接近,防止冰面破碎。

(2) 随时提醒被困人员,唤醒他们的意识,让其尽可能配合救援行动。

图 6-3-7　救生杆救援

(3) 加强团队配合,确保救援安全。

(4) 快速脱离危险区后,立即做好保暖工作,并对被困人员进行语言安慰和心理疏导。

六、多用途探路棒救援

多用途探路棒主要用于接近被困人员前探路,可以探测冰层厚度以确保安全性,提供爬行路线,节约人工目测的时间,也可以较远距离地进行间接救援,在保证安全的前提下尽可能提升救援速度,具有多种救援用途。

1. 多用途探路棒的功能

(1) 救援人员可以用多用途探路棒在离被困人员较远处施救。

(2) 其具有一定浮力,可以作为安全绳之用,能够帮助被困人员爬上冰面。

(3) 其前端有个 D 环,被困人员套上绳索以后,岸上的人可以发力把被困人员拉出冰面或直接拉到岸边。(图 6-3-8)

2. 操作方法

救援人员使用多用途探路棒在冰面爬行,按照其提示的冰层厚度数据,快速地接近被困人员,让被困人员抓住后,再进行后续的救援。

图 6-3-8　多用途探路棒救援

(1) 接近被困人员时可以将多用途探路棒前伸作为救生杆、救援绳、浮力棒，让被困人员抓住后对其进行拖带，使其脱离危险水域。

（2）可以作为支撑杆，在冰窟窿上面架设，对于救援人员来说既可以救援被困人员，又可以保证自己不掉入水里。

（3）其套索开口可调，可以很方便地在较远的距离给被困人员套上，提高救援人员的安全系数。

七、绳包抛投救援

绳包抛投救援是冰面救援最简易、便捷和快速的救援方式，但救援对象必须是意识清醒和具备自主能力者，常用于15~30 m的近距离救援。另外，也可以将水上漂浮筒、救生圈等体积大、质量小的物体（最好用网或网兜包裹，方便被困人员抓住）抛掷到被困人员身边，使被困人员能抓住或抱住。

绳包是带有配重的防水包和浮力绳。使用时，寻找冰面稳定位置，将绳索打开，将绳包向被困人员抛出，指导被困人员抓住绳包，将被困人员拉到安全区域。

图6-3-9　绳包抛投救援

1. 操作方法

救援人员发现有人在冰上被困或坠落但意识清醒和有自主行为能力时，可选择绳包抛投救援，以达到快速救援的目的。（图6-3-9）

2. 注意事项

（1）正确判断间隔距离和被困人员情况，决定是否可选绳包抛投救援。

（2）呼喊被困人员，提高其求生欲望，让其配合救援人员行动。

（3）正确使用抛投技术，争取一次抛投成功，万一失败，立即选择二次抛投救援。

（4）当被困人员接住或抓住绳包时，缓慢地拖带，避免其脱手造成二次落水，到岸边或安全区后，立即做好保暖工作，避免出现失温现象，并对其进行语言安慰和心理疏导。

八、利用锚钩或长钩施救

使用锚钩或长钩施救,能在 7~15 m 的距离上固定被困人员。即在救援人员抓住被困人员之前,将被困人员在一个相对稳定的冰面上固定住,如果冰面突然发生坍塌或失去支撑力,能保持被困人员不会掉入水中或被水流卷走。(图 6-3-10、图 6-3-11)

图 6-3-10　利用锚钩或长钩施救　　　　图 6-3-11　抓住后上岸

(1)锚钩制作:是自制器材,使用 20 m 长绳一条,一头连结直径为 15 cm 的锚钩,可承受 980 N 以上的拉力。

使用方法:视现场冰面情况从被困人员走过的方向接近,在距离被困人员 10~15 m 时,将锚钩抛投至被困人员身边,用力拉拽使锚钩钩住被困人员外衣,以保证被困人员不会沉入水中,再使用冰上救援担架或冲锋舟等载体进行施救。

(2)长钩制作:也是自制器材,使用 7.2 m 的不锈钢伸缩长杆,在前端固定一副钩爪,可承受 980 N 以上的拉力。利用冰上救援担架(浮桥)或冲锋舟等载体接近被困人员至 7 m 左右,将长钩完全打开,用长钩钩住被困人员外衣,防止其坠入水中。

使用方法:救援人员靠近被困人员后,用长钩钩住被困人员外衣,缓慢将被困人员拉至载体后一并返回安全区域。如被困人员已经失去自救能力,需在钩住被困人员后,由第二名救援人员匍匐至被困人员旁辅助套挂绳索保障利用长钩施救成功。

九、冰水救援吊索救援

冰面救援最大的风险是冰层坍塌、破裂或流动。救援人员身着厚重的救援服,行动十分不方便。冰水救援吊索是一种辅助救援设备,是一种替代救生绳的救援设备。救援人员身上背负黄色橡胶圈状物体，通过冰面接近技术，靠近冰窟窿的边缘，将冰水救援吊索的环扣挂在被困人员的双腋下，然后通过团队救援人员的协助，将吊索连接救生绳索，将被困人员拖带出冰窟窿，再进行进一步的救护。（图6-3-12）

图6-3-12　冰水救援吊索救援

1. 操作方法

（1）发现有人被困在冰窟窿时，救援人员携带冰水救援吊索前去救援。当接近冰窟窿时，立即评估和判断被困人员的情况，如果可以施救，就立即采取措施。

（2）将冰水救援吊索环扣在被困人员的双腋下固定。

（3）固定后，用手势或语言通知同伴进行拖带，撤离危险水域。

（4）救援上岸后，立即做好保暖工作，对被困人员进行语言安慰和现场急救处理。

2. 注意事项

（1）评估环境，扩大冰面接触面积，通过单人行动减轻冰面的承重。

（2）正确使用器材，确保环扣勾挂顺利。

（3）在岸上同伴的协助下，快速离开危险区。

十、冰面长背板救援

冰面长背板是一种具有浮力的、专业的冰面救援器材，类似于急救板和冰橇的底板，可以用作浮力工具、拖带长板和滑冰器材。

1. 操作方法

（1）当发现有人在冰窟窿的水域中落水或等待救援时，救援人员在同伴的帮助下，先单人带着冰面长背板接近冰窟窿，将救援绳索绑在水中人员手臂上，防止其落入水下，增加救援困难。

（2）举起冰面长背板从上往下插入被困人员身前，让其用双手抱住冰面长背板，控制完毕后，向岸上救援团队做出"OK"手势；辅助人

员拖带冰面长背板,将被困人员拖出水面。(图6-3-13)

(3) 到达冰面上后,救援人员也趴在冰面长背板上,在岸上人员的帮助下,与被困人员一起脱离困境,到达安全处。

(4) 立即对被困人员进行现场急救和其他的检查。

图6-3-13　冰面长背板救援

2.注意事项

(1) 判断和评估冰面情况,确保救援安全。

(2) 使用冰面长背板救援时,以单人操作为宜,充分考虑冰层承载力,如果多一个人的重量,冰面坍塌的危险就会增加很多倍。

(3) 完成救援时,对被困人员进行现场急救和保暖处理,以快速、安全为主。

十一、冰上救援板救援

冰上救援板是一种专门的冰面救援器材,其浮力可承载3个成年人的体重,可以面对薄冰环境进行冰面救援。(图6-3-14、图6-3-15)

图6-3-14　冰上救援板接近

图6-3-15　冰上救援板救援

1.操作方法

(1) 救援人员可以趴在冰上救援板上,从岸上出发,在冰面上直接滑行接近目标。

(2) 携带救生绳,拖带板在冰面上爬行接近被困人员,扩大人体与冰面的接触面积,降低对冰面的压强,防止冰面破裂。

（3）万一冰面破裂，可以借助板的浮力，抓住被困人员后，一起漂浮在冰水或冰面上，划行到坚固的冰层处，也可以等待团队其他人员的救援。

（4）采取抛绳包的方法，由岸上人员协助拖带被困人员离开冰层断裂处，使其快速脱离危险，得到救助。

2. 注意事项

（1）爬行时一定要保证尽可能腹部贴冰，把贴地面积扩展到极限。

（2）使用时千万不要用膝盖把自己撑起来，否则容易戳破冰面，导致自己落水。

（3）确保自身安全，提高救援成功率。

十二、冰面桨板救援

桨板重量轻，底板光滑，接触面积大。当冰面坚实时，桨板可以作为滑板在冰面上移动；一旦遇到冰面破裂或救援人员落水，桨板可以漂浮在冰水的水面上，避免被困人员长时间浸泡在冰水中造成失温现象，帮助救援人员快速完成救援任务，提高救援成功率。

1. 操作方法

当发现有人在冰窟窿、流动冰水落水或被困时，救援人员携带桨板（板上系上安全绳），穿戴合格的个人安全和保暖装备，快速向目标接近。

图 6-3-16 桨板上板与接近技术

（1）在冰面上采取俯卧划板技术，快速接近救援目标。（图 6-3-16）

（2）当离被救者 1~2 m 时，重新评估冰窟窿周围环境，选择安全、可靠和快速的救援技术进行施救。

（3）面对流动冰水环境，可采取桨板水域救援技术，对被救人员实施快速救援。

2. 注意事项

（1）用桨板在冰面上进行滑行、拖带和救援，确保救援安全和成功

率。（图6-3-17）

（2）利用桨板加快救援速度，防止冰面塌陷而落水，一旦落水要借助桨板的浮力，将被救人员拖带上板，返回岸边或冰面，避免二次溺水。

（3）桨板救援时，团队要分工协作，救援人员与岸上要保持默契。

图6-3-17　桨板冰面拖带

十三、冰面救援担架救援

在冰面较薄、距离岸边较远、不能多人接近救援时，可以使用冰面救援担架进行救援。（图6-3-18）

1. 操作方法

先将100 m牵引绳连接冰面救援担架尾端安全环处，救援人员推动冰面救援担架在冰面前行，从被困人员行走过的路径接近；接近被

图6-3-18　冰面救援担架救援

困人员时，救援人员趴在冰面救援担架上，利用冰锥向前行进，慢慢靠近被困人员；将冰面救援担架的前端对准被困人员，救援人员匍匐在担架前端，身体向后移动，手拉手将被困人员以前扑的姿势拉上救援担架；固定后，由岸上人员将冰面救援担架缓速拉回。

2. 注意事项

采用此方法救援时，使用冰锥不能用力过猛，避免将冰面击破影响冰面相对稳定。

十四、充气浮桥救援

在营救距离较近薄冰区域的落水人员时，可利用充气浮桥接近被困人员，将浮桥放稳后，救援人员身着救生衣在安全绳索的保护下登上浮桥匍匐至邻近被困人员一侧的桥头，先使用长钩钩住被困人员进行固定，然后将绳套抛给被困人员，将其拉拽到浮桥上。（图6-3-19）

图 6-3-19　充气浮桥救援

1. 操作方法

如果被困人员已经失去配合救援的能力，可以派出另一名救援人员从侧后方轻轻匍匐接近被困人员，将准备好的绳子套在被困人员腋下或身体躯干部分，将其拉出。

2. 注意事项

在施救过程中，要保持浮桥的平衡，并有1~2名救援人员在桥头另一侧配合救助。

十五、冰水两用救生筏救援

冰水两用救生筏作为承载量大的浮力工具，在冰面可以滑行，在水面可以漂浮，是寒冷水域多用途的救援平台。当发现有人落水时，救援人员可借助冰水两用救生筏快速从冰面滑行或从冰水中到达被困人员位置，可以停止或漂浮在冰面上，作为冰面救援平台，根据情况进行救援。（图 6-3-20、图 6-3-21）

图 6-3-20　冰水两用救生筏接近

图 6-3-21　冰水两用救生筏救援

1. 操作方法

（1）当遇到被困人员远离岸边时，可以单人或双人选择冰水两用救生筏快速赶到救援现场，展开救援。

（2）接近时保持 1 m 左右距离，立即进行现场评估，原则上以船头靠近为宜，抓住被困人员的双手或肩部，将其提拉上船。

（3）上船后立即进行保暖处理，快速驶离危险区域。

（4）拖带返回岸边，避免侧翻造成人员落水意外事故。

（5）上岸后，立即进行现场急救处理。

2. 注意事项

接近时要保持安全距离，抓住时要注意位置，避免脱手造成二次落水，确保自身安全和救援成功率。

十六、架设绳桥结合舟艇救援

冰面救援事故水域跨度较小，在 80 m 以内时，可利用抛投器将引绳抛至对岸，或人工牵引将救援绳拉至对岸，将救援绳两头进行固定，形成一道绳桥，将拉直的绳索靠近被困人员，让其将身体挂在绳桥上。

1. 操作方法

救援人员携带救援绳索、救生圈，乘坐冲锋舟沿绳桥前进到达被困人员附近，将救生圈或绳套抛掷给被困人员，然后拉动救生圈或绳套将被困人员拉至冲锋舟并回到安全区域。

2. 注意事项

如果事故水域距离较远，可以由两艘冲锋舟或气垫船组成分队，用绳桥连接两艘舟艇，分别处于距离被困人员两侧 20 m 处，使冲锋舟、被困人员、冲锋舟形成一条直线，然后将绳桥拉直，指导被困人员将身体挂在绳桥上，再由一方冲锋舟接近被困人员将其救出。

十七、冰面活饵救援

活饵救援属于团队救援方式，救援人员身穿专业救援衣，靠近被困人员后，控制被困人员，然后岸上同伴收起救援绳，将两人拖带返回岸边。适用于寒冷水域救援。（图 6-3-22）

图 6-3-22　冰面活饵救援

1. 操作方法

（1）活饵救援人员穿戴安全救援装备，接近和入水救援，岸上人员操作绳索。

（2）当接近被困人员时，让其穿上随身携带的救生衣，然后双手抓住其救生衣双肩背带，采取确保式将被困人员控制住。

（3）控制固定后向岸上人员发送手势或语言信号，由岸上人员收绳，将两人一起拖带返回岸边。

（4）也可以选择舟艇、桨板活饵救援，若被困人员处于昏迷状态，救援人员从艇上或板上跳入冰水中接近被困人员，利用救生衣的浮力和活饵救援器材，控制被困人员后上艇或板，与艇或板一起返回岸边。

2. 注意事项

（1）活饵救援必须穿戴干式防寒服和专业救生衣，防止体温流失过快。

（2）当遇到救援距离较远时，可运用舟艇或桨板作为运输工具，接近后采取活饵救援，以达到快速、安全、有效的救援，解救在寒冷水域的被困人员。

（3）活饵救援时应快速控制被困人员，发出"OK"指令后，岸上人员及时收起救援绳，完成救援任务。

十八、冰面气垫船救援

被困人员在距岸边较远的冰面行走时遇到后方是冰面、前方是水面时，可直接将气垫船从水面开至被困人员附近进行营救。将救生圈或绳套抛给被困人员，并让其套在身体上，然后拉动绳索将被困人员救出水面。（图6-3-23）

图6-3-23　冰面气垫船救援

1. 操作方法

实施救助行动时，不可过于接近被困人员，气垫船喷出的高速气体会冲击被困人员，使被困人员处境更糟。气垫船接近被困人员时，附近冰面不能承受气垫船的重压和冲击，容易引起再次坍塌。要选择安全路线接近被困人员，安全距离为 5~10 m。

2. 注意事项

如果在 5~10 m 距离内救助困难，可以使用充气浮桥完成最后的救援。如果气垫船较大不宜靠近被困人员，可以配合抛投器、充气浮桥、长钩等远距离救生器材共同施救。

十九、冰面综合救援

当发现冰面上有多个人员及车辆被困时，冰面救援小组穿戴防护装备并携带冰面救援器材，根据应急救援预案进行分工与合作，迅速赶赴事故点实施救援。根据实战应急预案，加强合作，提升救援队伍的协同作战能力，为应对可能出现的各类冰雪灾害事故处置打下基础。

1. 操作方法

（1）综合救援可分为 2 个救援小组，接警后迅速到达现场，进行分工与协作后展开救援。

（2）一组救援队驾驶冰面救援车（图 6-3-24）停在岸上，突击队员快速接近被困车辆，用牵引绳钩挂上被困车辆，然后牵引至安全地点。

（3）另一组救援队员通过无人机运输救生圈、救援绳及救生衣，到达被困人员上方抛投救生器材，当他们

图 6-3-24　冰面救援车

得到各种器材后，岸上人员协力将被困人员依次救出，完成救援任务。

2. 注意事项

（1）冰面救援车要固定在岸上，做岸上辅助救援工作。

（2）救援绳输送时小心冰层破裂或坍塌。

（3）无人机空投要降低高度，便于抛投准确。

（4）救援时先救援重伤员，再救援其他人员，完成任务撤离时要注意路上安全。

二十、无人机冰面辅助救援

无人机可以为冰面救援提供多方面的辅助功能。利用热成像传感器可以拍摄、跟踪、定位、搜寻被困人员情况，起到侦察、监控、拍摄和

图 6-3-25　无人机辅助救援

遥控指挥的作用,也可以携带救援物资,给被困人员提供食物、药品和保暖衣物。可根据其提供的信息,快速制订救援方案或预案以提高救援准确性。(图 6-3-25)

冰面承载力不足以承受接近救援时,可使用无人机将轻型水域救援绳吊至被困人员身边,使被困人员能够接到救援绳。若被困人员失去自救能力,也可将锚钩吊挂在被困人员身上,用力拉动使锚钩固定住被困人员,然后再配合实施其他救援。

1. 操作方法

(1) 通过空中喊话,用语言指导被困人员自救;维持现场秩序,进行清场工作。

(2) 探照灯照明扩展夜间作业范围,以及适应不同任务与应用场景的冰面救援需求。

(3) 可抛投救生衣、救生圈和防寒物资,为被困人员提供浮力工具和保暖设备,延长其在寒冷水域等待救援的时间,防止其体温流失过快,为救援人员争取救援时间。

(4) 抛投救援绳,便于岸上救援人员快速实施间接救援技术,达到快速救援的效果。

2. 注意事项

(1) 控制无人机在空中的高度和与救援目标的距离。

(2) 及时调整无人机的位置,及时采集救援目标数据,为救援提供依据。

(3) 在风力超过 8 级时,为防止无人机失去救援功能,应及时收回。

(4) 由专业人员操控无人机,及时与指挥部联系,确保救援方案或预案的制定。

二十一、直升机冰面辅助救援

在救援现场极其危险且无法使用其他救援工具时,可以请求当地政府调动直升机救援。救援人员使用专用的直升机救援绳索，垂降至事故区域对被困人员施救。在救援时直升机的飞行高度不能低于 30 m，直升机向下的气流太大，飞行高度过低会增加冰面的负荷，可能导致冰面大面积坍塌致使人员落水。

直升机救援可减少冰面救援的许多困难，特别是遇到冰面融化的寒冷水域，直升机可以达到救援安全性高、速度快和转移人员多的效果。（图 6-3-26）

图 6-3-26　直升机救援

1. 操作方法

（1）直升机救援应由专业驾驶员操作，根据救援指挥部的指令，快速启动、升空、飞行、空中盘旋等。

（2）根据救援目标，选择降落停在冰面上或悬挂在空中放下救援绳、梯或篮。

（3）救援人员稳定操作救援器材，当完成救援任务后，吊起吊篮，协助被困人员进入机舱。

（4）若有受伤人员，经过快速诊断和固定包扎后，将伤员快速送往医院，做到及时抢救和治疗。

2. 注意事项

（1）到达救援地点时，要控制直升机的高度和速度，维护稳定性。

（2）投放装备、救援人员和辅助器材的时机要适当、地点要准确。

（3）伤员进入机舱时要低头、弯腰，防止螺旋桨的风力冲击造成二次受伤。

（4）严格遵守航空操作规定和细则。

二十二、冰川绳索救援

冰川绳索救援是搜寻遇险人员、解救被困人员，以升降救援为主的高难度救援项目，需要结合绳索进行辅助救援，根据目标位置，从下往上爬到上方，再往下接近，并实施救援。（图 6-3-27、图 6-3-28）

图 6-3-27　冰川下降

图 6-3-28　冰川搜寻

1. 操作方法

（1）发现在冰川中有人坠落或被困，救援人员应立即向上爬行，接近目标。

（2）到达目标的上方后，打上几个锚点，沿着安全路线逐渐接近。

（3）让被困人员穿戴下降安全带后，用升降技术使其脱离危险，在救援团队成员的帮助下，完成救援任务。

（4）救援完成后立即对被困人员进行语言安慰和心理疏导。

2. 注意事项

（1）评估现场环境，寻找下降路线。

（2）团队救援，互相协作，确保绳索的承载力。

（3）正确固定锚点，使用器材，确保降、升顺利。

（4）固定上升器械后，在同伴的协助下，快速提升离开危险区。

思考题

1. 寒冷水域救援的特点有哪些？
2. 冰面救援如何保温？
3. 冰面救援失温应如何处理？
4. 冰面救援需要注意哪些问题？
5. 冰面救援最常用的救援手段和方法有哪些？
6. 简述冰面救援的安全注意事项。
7. 冰面救援风险管控应注意什么问题？
8. 冰川救援的难点是什么？应注意哪些问题？

附　录

一、水上救援各级培训班教学学时分配

水上救援各级培训班教学学时分配见附表 1-1。

附表 1-1　水上救援各级培训班教学学时分配

等级	理论课		基本技术与技能		考核		总学时
	学时	比例	学时	比例	学时	比例	
初级救援员培训	8	18.2%	30	68.2%	6	13.6%	44
中级救援员培训	8	16.7%	34	70.8%	6	12.5%	48
高级救援员培训	12	25.0%	28	58.3%	8	16.7%	48
培训师培训	8	16.7%	32	66.6%	8	16.7%	48
合计	36	—	124	—	28	—	188

二、水上救援各级培训班课程内容

水上救援各级培训班课程内容见附表 2-1~附表 2-4。

附表 2-1　初级救援员培训课程内容

培训单元	培训内容	学习目标	教学方法
水上救援基础理论知识（4学时）	1. 水上救援概述 2. 水上救援预防与安全 3. 水上救援常用的技术介绍与运用 4. 水上救援组织与管理	1. 学习与了解水上救援概述 2. 识别水上救援安全标志 3. 水上安全预防与救援风险管控 4. 正确掌握水上救援技术，并能运用于实践	理论讲座

续表

培训单元	培训内容	学习目标	教学方法
政策法规与救援实践理论（4学时）	1. 红十字运动知识讲座 2. 志愿服务条例 3. 水上救援案例分析 4. 水上救援安全管理	1. 识别救援危险因素与应对风险 2. 合理组织与参与救援行动 3. 掌握现场评估水流、风力等级方法 4. 正确维护救援区域安全警戒与管理	理论讲座
游泳技能测试（2学时）	1. 25 m 速度游泳 2. 20 m 潜水 3. 200 m 游泳	1. 男 20~22 s，女 22~25 s 2. 男 20 m 以上，女 18 m 以上 3. 男 6 min 以内，女 8 min 以内	技能测试
求生游泳技能（2学时）	1. 浮漂 2. 踩水 3. 韵律漂 4. 潜水	1. 学习与了解求生游泳概念 2. 基本掌握踩水技术，延长在水中等待救援时间 4. 学习与掌握长臂划蛙泳腿潜水技术	讲授与示范
救生游泳技能（4学时）	1. 抬头自由泳 2. 抬头蛙泳 3. 侧泳 4. 基本仰泳	1. 正确掌握救生游泳四式技术 2. 正确运用姿势转换 3. 正确运用救生游泳于救援实践	讲授与示范
延伸救援技术（2学时）	1. 手援法 2. 脚援法 3. 救生杆救援法 4. 自制救援器材	1. 正确掌握手援法、脚援法、救生杆救援法 2. 学习自制延伸或抛投救援器材	讲授与示范
岸上抛绳包救援技术（2学时）	1. 下手抛、上手抛、侧手抛 2. 二次抛 3. 收绳与装袋	1. 正确使用下手抛、上手抛、侧手抛、二次抛等绳包抛投技术 2. 抛准与快速装袋	讲授与示范
游泳入水法（2学时）	1. 跨步式 2. 鱼跃浅入式 3. 蛙跳式 4. 高台直立式 5. 静式（探索式）	1. 学习与掌握各种入水法 2. 基本掌握入水时头部不浸入水中 3. 入水后快速衔接各种游泳技术	讲授与示范
徒手(浮标)游泳救援（4学时）	1. 徒手（浮标）游泳救援基本技术 2. 救援流程：入水、接近、控制、防卫与解脱、拖带、上岸 3. 徒手救援岸上解脱技术练习 4. 浮标救援水中固定练习	1. 正确了解和掌握徒手（浮标）游泳救援动作要领 2. 正确掌握徒手游泳救援流程：入水、接近、控制、防卫与解剖、拖带、上岸 3. 正确掌握浮标救援流程：入水、接近、控制、固定、拖带、上岸	讲授与示范

续表

培训单元	培训内容	学习目标	教学方法
救生桨板救援技术（4学时）	1. 救生桨板器材结构、功能简介 2. 救生桨板出发技术 3. 救生桨板划板技术 4. 救生桨板救援技术 5. 救生桨板救援综合演练	1. 认知救生桨板器材结构、功能与作用 2. 学习与掌握救生桨板岸上出发技术 3. 水中上板与控制平衡 4. 基本划板技术：前进、倒退、转弯、急停、定位 5. 救生桨板直接救援与二次翻板救援 6. 救生桨板救援流程：入水、接近、控制、固定、返回	讲授与示范
橡皮艇救援技术（4学时）	1. 橡皮艇结构与功能 2. 橡皮艇搬运技术 3. 橡皮艇划艇技术 4. 橡皮艇竞速训练 5. 橡皮艇翻舟自救 6. 橡皮艇靠岸救援	1. 认知橡皮艇结构、功能与作用 2. 掌握橡皮艇搬运技术 3. 登艇、入位、分工与合作 4. 握桨与划桨技术 5. 离岸、靠岸、操艇、竞速训练 6. 翻舟自救技术 7. 模拟灾民转移救援	讲授与示范
现场急救技术（4学时）	1. 创伤急救：止血、包扎、固定、搬运 2. 溺水急救：心肺复苏、AED操作	1. 正确掌握现场急救技术 2. 心肺复苏操作规范与流程 3. AED操作规范与流程	讲授与示范
理论考试（2学时）	1. 理论考试：试题库抽选（填空题、判断题、单选题、多选题、简答题） 2. 考试形式：闭卷考试	1. 考试时间45 min 2. 试卷分析与小结	考教分离考官监考
技能考核（4学时）	1. 踩水（手脚并用） 2. 游泳200 m 3. 岸上绳包抛准 4. 徒手（浮标）游泳救援	1. 踩水3 min 2. 200 m游泳（姿势不限）：男6 min，女8 min 3. 岸上绳包抛准：15~20 m距离投准，目标直径100 cm，合格为一次性完成，二次抛8 s内完成 4. 徒手（浮标）游泳救援：规范与救援流程	考官监考，不及格允许补考一次

备注：44学时，具体根据实际情况可适当调整。学员自备专业救援装备，适应不同水流风险等级和环境参与教学与训练。

附表 2-2　中级救援员培训课程内容

培训单元	培训内容	学习目标	教学方法
水上救援专项理论知识（4学时）	1. 水上救援专项理论知识讲座与讨论 2. 水上救援风险管控与案例分析 3. 水上搜索个人与团队救援装备与器材 4. 水上救援专项技战术与安全管理	1. 基本掌握水上救援专项理论 2. 识别水流形态和风险等级 3. 认知水上救援风险、进行案例分析与分享 4. 配备合格的水上救援装备 4. 正确使用水上救援专项技战术，并安全运用于救援实战	理论讲座
法规政策与急流救援（4学时）	1. 防灾、减灾与应急救援管理体制 2. 急流救援组织和安全管理 3. 团队救援编队与区域分工 4. 现场评估、组织与安全管理	1. 了解应急救援水上救援相关政策与法律知识 2. 做到合理组织、分工与职责履行 3. 熟悉救援现场评估、救援组织与安全管理 4. 正确使用团队救援战术，培养团队协作精神	理论讲座
水上救援装备与器械（2学时）	1. 水上救援装备与器械简介 2. 装备检查与纠正 3. 实战中使用与维护	1. 熟悉水上救援装备与器械功能 2. 能正确穿戴和使用个人装备 3. 学会互相检查与维护 4. 在实战中正确使用水上救援装备与器械	讲授与示范
急流入水技术与游泳技术（2学时）	1. 入水技术：平跳式和涉水探索式 2. 急流游泳（Ⅰ~Ⅳ流）：攻击式、确保式、防卫式 3. 三种泳姿互换	1. 重点掌握平跳式，达到动作规范、姿势正确，了解探索式入水技术 2. 熟练掌握攻击式、确保式、防卫式技术，三种泳姿互换 3. 注意事项：保持与上游呈45°角方向	讲授与示范
浅滩涉水横渡救援（2学时）	1. 单人浅滩徒手或器械涉水横渡 2. 双人浅滩涉水横渡 3. 多人浅滩涉水横渡	1. 选择合适路线、方向涉水横渡 2. 掌握单人、双人和多人徒手和器械浅滩涉水横渡 3. 多人练习，做到队形稳定，互相配合	讲授与示范
急流脱困与障碍翻越（2学时）	1. 单人、双人和团队水面脱困 2. 水面障碍物翻越	1. 学习与掌握个人、双人和团队脱困技术，并能独立完成 2. 正确翻越水面障碍物，确保自身安全	讲授与示范

续表

培训单元	培训内容	学习目标	教学方法
岸上活饵救援技术（2学时）	1. 活饵救援装备简介与使用方法 2. 岸上活饵救援技术 3. 模拟情景救援实操	1. 活饵救援装备简介和使用方法 2. 活饵救援编队与分工协作 3. 基本掌握岸上活饵救援技术 4. 模拟情景实操练习活饵救援	讲授与示范
绳结打法（2学时）	1. 绳结名称介绍 2. 水结等10~20种常用绳结技术操作 3. 绳结打法技术测试	1. 熟悉和认知绳结名称 2. 正确完成各种绳结打法 3. 规范操作8~10个绳结打法 4. 独立完成，互相检查	讲授与示范
锚点制作与固定（4学时）	1. 天然锚点位置选择与制作 2. 人工锚点制作：垒石法、埋桩法等	1. 认知锚点位置选择与制作 2. 正确掌握垒石法、埋桩法等锚点制作方法 3. 达到锚点制作符合实际救援需求	讲授与示范
绳索横渡系统架设（4学时）	1. 锚点固定 2. 1/3省力系统架设 3. 绳索横渡系统架设与救援	1. 正确使用锚点固定方式，达到牢固、稳定，满足救援实战需求 2. 绳索架设符合1/3省力系统原理，测试受力点达到救援要求 3. 掌握绳索横渡系统架设	讲授与示范
高空垂降救援训练（2学时）	1. 高空垂降装备和器械检查与准备 2. 高空垂降系统架设 3. 高空垂降救援实操	1. 熟练进行器械准备与检查 2. 熟练掌握系统架设与装备使用 3. 熟练操作高空垂降救援技术和流程，确保救援安全	训练与讨论
夜间搜救（2学时）	1. 照明装备与器材简介 2. 个人和团队夜间搜救	1. 正确检查夜间照明工具 2. 正确携带照明工具 3. 夜间搜救正确使用照明工具	讲授与示范
橡皮艇基本技术（2学时）	1. 工作原理与功能简介 2. 橡皮艇搬运与安装 3. 分工、职责与合作 4. 操艇技术	1. 正确掌握橡皮艇工作原理与功能 2. 正确掌握橡皮艇搬运与安装方法 3. 正确掌握登艇、入位与分工 4. 掌握握桨、插桨、拉桨与起桨	讲授与示范
橡皮艇救援技术（2学时）	1. 靠岸救援 2. 艇上抛绳救援 3. 艇上活饵救援	1. 掌握橡皮艇靠岸救援 2. 掌握艇上抛绳救援 3. 掌握艇上活饵救援	讲授与示范

附录

续表

培训单元	培训内容	学习目标	教学方法
翻舟自救技术（2学时）	1. 船艇倾覆逃生 2. 水中集结 3. 船艇复位 4. 依次登艇 5. 徒手划艇返回	1. 正确掌握船艇倾覆后逃离船艇 2. 快速在水面靠近船艇集结 3. 登上船底，快速将船体回位 4. 有次序地依次登艇 5. 徒手将船体划向安全水域	讲授与示范
现场急救技术（4学时）	1. 创伤急救：腰椎、颈椎固定与搬运 2. 心肺复苏、AED操作	1. 正确掌握现场急救技术 2. 心肺复苏操作规范与流程 3. AED操作规范与流程	讲授与示范
理论考核（2学时）	1. 理论考试：试题库抽选（填空题、判断题、单选题、多选题和排序题） 2. 考试形式：闭卷考试	1. 考试时间45 min 2. 考试后，由教师进行试卷分析	考教分离考官监考
技能考核（4学时）	1. 游泳技能：200 m 2. 绳结考核：抽签选择5个绳结打法 3. 急流绳包抛投 4. 1/3省力系统架设 5. 翻舟自救	1. 200 m游泳：男6 min，女8 min 2. 2 min内正确完成5个绳结打法，超时为不及格 3. 急流绳包抛准，间隔距离20 m以内，以一次性成功率为准 4. 1/3省力系统架设，3 min内完成 5. 翻舟自救：1 min内完成动作流程	考官监考，不及格允许补考一次

备注：48学时，具体根据实际情况可适当调整。学员自备专业救援装备，适应不同水流风险等级和环境参与教学与训练。

附表2-3　高级救援员培训课程内容

培训单元	培训内容	学习目标	教学方法
水上救援综合理论知识（4学时）	1. 水上救援工作计划与应急预案 2. 水上救援技术运用 3. 实战案例讨论与分享	1. 学习计划制订与预案编写 2. 掌握水上救援个人和团队救援技术 3. 讨论分享救援实战案例	讲授与讨论
政策法规与水上救援队伍建设（4学时）	1. 水上救援队伍建设 2. 救援行动组织与指挥 3. 队伍安全管理与维护	1. 建立规章制度和人员培训机制 2. 战前备勤、现场评估、分工与职责、组织与指挥 3. 队伍安全管理与维护	讲授与讨论

续表

培训单元	培训内容	学习目标	教学方法
入水技术与游泳技术（2学时）	1. 入水技术：海滩入水、艇上平跳式和后倒式入水 2. 游泳技术：海上泅渡、冲浪、扑浪、钻浪、避浪、借浪	1. 熟练掌握海滩入水技术，达到快速救援的目的 2. 掌握艇上平跳式和后倒式入水，确保自身安全 3. 正确使用海上泅渡技术，处理海浪对游泳的影响	训练与讨论
游泳救援技能（4学时）	1. 浮标游泳救援 2. 救生衣游泳救援 3. 海上活饵救援	1. 正确发挥浮标在海上游泳救援的作用 2. 正确使用救生衣在海上游泳救援中的功能 3. 熟练运用海上活饵救援技术	训练与讨论
IRB原理与基本技术训练（4学时）	1. 发动机搬运与安装 2. 发动机启动与调试 3. 附件功能与维护 4. 登艇、入位与坐姿	1. 熟练掌握单人或双人搬运 2. 熟练操作启动与风门调试 3. 正确安装与固定油箱等 4. 熟练掌握登艇、入位与坐姿	训练与讨论
IRB维护与故障排除（4学时）	1. 无法启动或熄火 2. 火花塞拆卸与安装 3. 船体破损与漏气维修 4. 螺旋桨被异物缠住时拆除 5. 维修实操练习	1. 基本掌握燃料、电气系统调试 2. 检查引线是否断路，引擎、化油器和燃料泵是否有问题 3. 使用快速胶补漏和维修 4. 检查螺旋桨叶片、保护罩 5. 故障排除与维修实操练习	训练与讨论
IRB驾驶技术与训练（6学时）	1. "S""O""Z"形驾驶技术及冲浪训练 2. 逆流定位 3. 孤岛靠岸 4. 编队驾驶演练 5. 驾驶基本技术说课	1. 熟练掌握危险水域驾驶技术 2. 熟练掌握逆流和绕障碍驾驶技术 3. 熟练操作孤岛靠岸或逆流定位，防止侧翻或倾覆 4. 熟练操作团队队形变化演练 5. IRB基本驾驶技术讲解与示范	训练与讨论
IRB救援技术与训练（4学时）	1. 急流沸腾线救援 2. 海上孤岛救援 3. "O""U"形快速救援 4. 双艇配合救援 5. 孤岛靠岸救援说课	1. 基本掌握IRB沸腾线救援技术 2. 掌握海上孤岛靠岸救援技术 3. 熟练运用水面快速救援技术 4. 正确使用双艇配合救援技术 5. 孤岛靠岸救援教学讲解与示范	训练与讨论

续表

培训单元	培训内容	学习目标	教学方法
海上孤岛救援（2学时）	1. 海滩出发指挥 2. 冲浪、避浪、切浪驾驶 3. 孤岛靠岸救援分工与合作 4. 孤岛远程绳包救援 5. 孤岛艇上活饵救援组织与实施	1. 快速出发，避免船体倾覆 2. 艇长控制船艇，正确进行冲浪、避浪和切浪 3. 选择风浪较小处实施靠岸救援 4. 无法靠岸时，控制船艇，指挥和选择抛投绳包救援 5. 艇上活饵救援分工、合作与救援	训练与讨论
模拟台风与洪涝灾害情景综合救援（2学时）	1. 救援前准备 2. 现场灾情评估 3. 分组编队 4. 根据情景实施救援 5. 救援效果评价	1. 熟悉救援准备流程，快速结集队伍，准备救援装备与器械 2. 熟悉现场灾情评估与搜救 3. 快速分组编队，执行现场警戒与安全维护 4. 选择快速救援手段，根据现状完成救援任务 5. 编写救援效果评价报告	演练与讨论
说课与讨论（4学时）	1. 抽签选择水上救援个人技术说课 2. 动作要领讲解与示范 3. 队伍组织 4. 课后小结	1. 课程讲解重点、要点突出、关键词准确，动作要领简明扼要 2. 示范动作正确、规范，示范面广 3. 队伍组织调动快速、整齐、合理 4. 课后小结评价客观准确	说课与讨论
理论考试（2学时）	1. 理论考试：试题库抽选（填空题、判断题、选择题、排序题） 2. 考试形式：闭卷考试	1. 考试时间 45 min 2. 试卷分析 45 min	考教分离
技能考核（6学时）	1. IRB驾驶技能考核 2. IRB救援技能考核 3. 说课：抽取考题	1. IRB离岸、直线、"S"形、靠岸驾驶技术考核（抽签选择） 2. "O""U"形快速救援、孤岛靠岸救援、沸腾线活饵救援技能考核（抽签选择） 3. 水域救援项目说课考核（抽签选择）	考教分离

备注：48学时，具体根据实际情况可适当调整。学员自备专业救援装备，适应不同海浪风险等级和环境参与教学与训练。

附表 2-4　培训师培训课程内容

培训单元	培训内容	学习目标	教学方法
教学理论与课件制作（4学时）	1. 教学计划、教案编写 2. 理论课 PPT 制作与格式 3. 教学规律与原则理论讲座 4. 培训内容安排与教学方法理论讲座	1. 学习与掌握教育学理论，编写教学计划、教案 2. 能独立完成救援理论课 PPT 制作，格式规范、标准 3. 掌握教学规律和原则 4. 正确运用于教学实践	理论讲授
教学理论与实操演练方法（4学时）	1. 教材教法分析与研讨 2. 救援技能说课与试讲 3. 编写教学计划与教案 4. 课后小结与讲评	1. 熟悉课程组织教法 2. 熟练掌握动作要领讲解示范 3. 编写简易教学计划与教案，符合规范与标准 4. 课程内容小结与客观评价	理论讲授
游泳技术教学与实操演练（2学时）	1. 游泳与救援技术教学 2. 游泳技能实操演练	1. 掌握正确的教学方法和流程 2. 规范组织教学内容、讲解示范 3. 合理安排游泳实操演练步骤	实操演练说课与研讨
绳包救援教学与实操演练（2学时）	1. 绳包救援技术教学 2. 绳包救援抛准实操演练 3. 风向控制与注意事项	1. 掌握正确的教学方法和流程 2. 规范组织教学内容、讲解示范 3. 合理安排实操演练与步骤 4. 实操演练符合实战目标需求	实操演练说课与研讨
救生桨板等救援教学与实操演练（4学时）	1. 救生桨板或海浪救生板操作 2. 救生桨板或海浪救生板救援	1. 熟练掌握救生桨板操作 2. 熟练掌握海浪救生板救援技能 3. 掌握救生桨板或海浪救生板教学	实操演练说课与研讨
橡皮艇教学与实操演练（4学时）	1. 橡皮艇操艇与救援技术教学与讨论 2. 操艇技术教学与演练 3. 救援技术教学与演练 4. 翻舟自救教学与演练	1. 熟练掌握操艇教学方法与流程 2. 熟练掌握操艇、救援与翻舟自救教学方法与流程 3. 规范组织教学内容、讲解示范 4. 实操演练符合目标要求	实操演练说课与研讨
绳索救援方法与实操演练（4学时）	1. 绳结打法、锚点固定和系统架设与救援教学 2. 绳结打法、绳索救援实操练习	1. 熟练掌握绳结打法、锚点固定和系统架设技术 2. 规范组织教学流程、技术规范和讲解与示范 3. 实操演练组织合理、步骤明确、方法得当、效果好	实操演练说课与研讨

续表

培训单元	培训内容	学习目标	教学方法
IRB 故障排除与维修（4学时）	1. 常见的故障分析与处理 2. 一般性故障排除与维修实操演练 3. 复杂性故障排除与维修实操演练	1. 熟练掌握 IRB 常见故障的发现、分析与处理 2. 熟悉一般性故障处理、排除、维修方法与实操演练 3. 正确处理复杂性故障排除、维修方法与实操演练	实操演练说课与研讨
IRB 驾驶技术教学与实操演练（4学时）	1. IRB 基本驾驶技术操作规范与实操演练 2. 各种危险水域驾驶技术实操演练 3. 团队编队驾驶演练	1. 熟悉 IRB 基本驾驶技术操作规范与安全 2. 熟练应对各种危险水域驾驶实操技术 3. 熟练掌握编队演练队形，保持间隔距离、控制速度	实操演练说课与研讨
IRB 救援技术教学与实操演练（4学时）	1. IRB 艇上抛绳救援演练 2. "O""U"形水面快速救援演练 3. 危险水域艇上活饵救援 4. 双艇协作救援演练 5. 翻舟自救演练	1. 熟练掌握艇上抛绳包救援技能 2. 熟练掌握水面快速救援技能 3. 熟练掌握危险水域艇上活饵救援 4. 熟练掌握双艇协作救援方法 5. 熟练掌握翻舟自救与二次启动	实操演练说课与研讨
救援技能说课与讨论（抽签选择）（4学时）	1. 岸上救援 2. 游泳救援 3. 绳索架设 4. 绳索横渡救援 5. 橡皮艇救援	1. 熟练开展水上救援技能课程说课，抽签选择一门课，准备 10 分钟以后，按照项目救援流程和规范完成说课 2. 时间控制在 15 min 之内	实操演练说课与研讨
理论考试（4学时）	1. 编写一份培训教学日程表 2. 编写一份课堂教案 3. 制作一份 PPT 4. 编写课后小结	1. 编写培训教学日程表和小结 2. 编写教案：准备活动、组织教法、讲解与示范、重点与难点、练习方法 3. 制作一份时长 15 min 的 PPT，内容符合教学规范与要求	考官监考
技能考核（4学时）	1. 说课：水域救援综合技能考核（抽签选择一个项目） 2. 技能课试讲试教：小组合作试讲一门课（内容抽签选择，15 min 后试讲） 3. 教学评价：课程内容与教学方法（评教）	1. 抽签选择一个项目，说课时间控制在 15 min 内 2. 技能实操课试讲：按课程教学内容组织教学 3. 填写教学评价表	考官监考

备注：48 学时，教学安排根据实际情况合理调整。

三、水上救援理论知识考试内容设计

水上救援理论知识考试内容设计见附表 3-1。

附表 3-1　水上救援理论知识考试内容设计

内容	考试大纲
水上救援 基础知识	1. 救援装备与器械简介和使用 2. 水流识别，水流与风浪等级及风险评估 3. 台风、暴雨引发的洪涝灾害救援知识与风险管控 4. 静水、急流、海上、冰面救援概述
静水救援 基础知识	1. 求生游泳、救生游泳知识 2. 绳包抛投救援：抛投姿势、准确性、风向控制 3. 徒手直接救援：入水、接近、控制、防卫与解脱、拖带、上岸 4. 现场急救：止血、包扎、固定、搬运、心肺复苏、AED
绳索救援 基础知识	1. 基本绳结技术 2. 锚点制作、固定与绳索横渡系统架设 3. 两岸绳索横渡救援，钟摆原理绳索救援 4. 高空垂降绳索救援
急流救援 基础知识	1. 河流方位辨识 2. 流水基本力学 3. 水流速度和水流力量 4. 渡口角度
急流救援 原则	熟记以下急流安全救援顺序： 1. 首先应确保救援人员自身安全 2. 其次确保其他救援队员安全 3. 最后再实施救援
急流救援 基本要求	熟记以下急流救援的基本要求： 1. 参与急流救援的人员都应穿着专业救生衣 2. 急流救援时应部署上游观察员，有条件的可在河流两岸都部署上游观察员 3. 展开急流救援行动前应有预备计划 4. 急流救援的下游处应有多重的抢救预备方案，如同时部署橡皮艇救援组、抛绳包（袋）救援组、拦截索救援组等，设置多重救援关卡，以提高救援成功率 5. 救援中应采用最简单的救援方式，即用到的人员、装备最少，花费的时间最短，采用低风险的救援执行计划 6. 救援时应使用正确的救援装备，确保救援工作有效展开 7. 救援过程中若被水冲走，应控制不让脚下沉

续表

内容	考试大纲
	8. 救援过程中不应在搜救人员身上绑固定绳索，可选用释放绳，但挂接释放绳的救援人员须熟悉释放绳的使用方法 9. 救援人员不应站在紧绷救援绳索的弯角处，且其所处位置应保持在绳索的上游
急流救援相关技术及救援方式	1. 急流游泳技术：攻击式、防卫式、确保式 2. 入水技术：平跳式、探索式 3. 岸上救援：抛绳包（袋）救援 4. 涉水横渡救援、游泳救援 5. 船艇救援：橡皮艇、IRB 6. 活饵救援：分为岸上和艇上两种方式 7. 绳索救援：绳结打法、绳索横渡系统架设、高空垂降救援 8. 救援人员须能判断水流情况与时机是否恰当，接受过完整的急流救生训练，并保持良好的体能
海上救援基础知识	1. 风浪等级与风险控制 2. 冲浪、避浪、借浪技术 3. 浮标游泳技术：入水、接近、控制、固定、拖带、上岸 4. 橡皮艇救援：搬运、分工与职责、翻舟自救 5. IRB 救援：驾驶技术、救援技术、维护与修理
冰面救援基础知识	1. 失温控制 2. 保暖装备 3. 各项器材救援技术

四、水上救援培训课程考核内容与评价标准

水上救援各级培训班考核标准与评价见附表 4-1，水上救援培训课程技能考核项目与标准见附表 4-2。

附表 4-1　水上救援各级培训班考核标准与评价

课程名称	考核标准与评价
前置培训	1. 200 m 游泳：6 min 2. 20 m 潜泳：20~22 s 3. 救生游泳技术 4. 符合救护员考核标准 5. 符合参加救援培训考核标准

续表

课程名称	考核标准与评价
初级救援员培训	1. 踩水：3~5 min 2. 200 m 游泳在 6 min 内完成 3. 抛绳包救援：距离 20 m，落点为直径 1 m，要求一次性抛准；二次抛在 8 s 内完成 4. 翻舟自救划艇距离 100 m，完成动作在 3 min 内完成
中级救援员培训	1. 平跳式入水与攻击式游泳技术评价 2. 1/3 省力系统架设在 3 min 内完成 3. 高空垂降救援 3 min 内完成 4. 个人脱困、翻越障碍与夜间搜索 5. IRB 驾驶技术操作技术评价与时间控制 6. 绳结打法与实战运用
高级救援员培训	1. 现场评估与组织符合规范与流程 2. 岸上活饵救援组织与救援流程符合规范与标准 3. IRB 基本技术（搬运、分工、入位、指挥）符合规范与标准 4. 驾驶技术（直线、"S"形和"U"形驾驶与编队）符合规范与标准 5. 孤岛综合救援技术（靠岸救援、快速救援、绳包救援、危险水域活饵救援）符合规范与标准 6. 城市内涝综合救援演练（灾民转移、装备与器械运输）符合规范与标准 7. 各项基本技术说课符合规范与标准 8. 心肺复苏与 AED 操作流程符合规范与标准
培训师培训	1. 抽签选择课程，独立完成试讲试教，符合教学要求 2. 抽签选择课程，编写教学计划和教案，且符合规范与标准 3. 抽签选择课程内容，制作 PPT（30 min），符合规范与标准 4. 符合各级救援员考核标准的技能演练
专项培训课程	1. 基本掌握各项技能，能独立操作和完成考核项目 2. 能基本独立操作各项技术 3. 各项专项技能运用于实战中

附表 4-2　水上救援培训课程技能考核项目与标准

项目	内容	考核标准
救生游泳	25 m	18~22 s
	潜泳	25~40 m
	400 m 自由泳	12 min

续表

项目	内容	考核标准
游泳救援	徒手救援技能	入水、接近、控制、拖带、防卫与解脱、上岸
	浮标救援技能	入水、接近、控制、固定、拖带、上岸
绳索救援	绳结	抽签现场打3种绳结
	1/3省力系统架设	锚点、固定、安全
	二次抛绳包救援	8~20 s,及格3/5、良4/5、优5/5
入水救援（水流速度大于0.5 m/s）	救生桨板救援	持板,入水,卧姿、跪姿、站姿划桨,"两次"翻板,返回
	海浪救生板救援	持板,入水,卧姿、跪姿划水,"两次"翻板,拖带,返回
舟艇救援	橡皮艇救援	搬运、划桨、翻舟自救
	冲锋舟救援	驾驶技术
水下救援	水下搜索打捞	浅潜4~8 m,假人打捞限时5~10 min
说课	水上救援内容	PPT时长3~5 min,讲解限时10~15 min,要求讲解简明扼要,示范正确
现场急救	止血、包扎、固定、脊柱受伤搬运	根据伤情按红十字规范执行
	心肺复苏	检查评估后,按比例进行心肺复苏（2 min进行5个循环）
急流游泳	水流等级Ⅰ~Ⅱ级	攻击式、确保式、防卫式游泳
	水流等级Ⅱ~Ⅲ级	攻击式、确保式、防卫式游泳
	水流等级Ⅲ~Ⅳ级	攻击式、确保式、防卫式游泳

参考文献

[1] 国家体育总局职业技能鉴定指导中心，中国救生协会组．游泳救生员（游泳池救生）（第2版）[M]．北京：高等教育出版社，2020．

[2] 中国救生协会．水上救生（静水部分）[M]．北京：高等教育出版社，2001．

[3] 陈武山．游泳运动教程[M]．北京：人民体育出版社，2007．

[4] 茅勇，黄永良．海浪救生[M]．北京：海洋出版社，2018．

[5] 邵薇，徐志达．水域救援技术[M]．北京：中国水利水电出版社，2019．

[6] 朱国营．绳索救援技术[M]．广州：广东教育出版社，2018．

[7] 傅纪良，黄永良．海岛野外生存[M]．北京：高等教育出版社，2011．

[8] 茅勇，黄永良．海浪救生资源开发与培训基地建设的实证性研究[J]．浙江体育科学，2011（4）：27-32．

[9] 陈晓芳．对现代城市防洪的一些思考[J]．黑龙江水利科技，2016，44（7）：169-170．

[10] 陈敏．2020年长江暴雨洪水特点与启示[J]．人民长江，2020，51（12）：76-81．

[11] 邵薇，熊伟，戴时茂．洪水急流救援技术[M]．北京：应急管理出版社，2021．

[12] 徐志勇．冰面塌陷救援技术应用探讨[J]．消防科学与技术，2017，36（2）：251-254．

后 记

为总结、传承中国红十字救援队在防灾减灾救灾工作中的实践经验，进一步提高红十字救援队专业化、规范化建设水平，完善红十字应急救援体系，加强中国红十字救援队应急管理和救援救助能力建设，中国红十字会争取国家财政资金支持，委托红十字国际学院组织专家学者和红十字救援资深实务工作者编写了中国红十字救援队培训教材。

2020年8月，中国红十字救援队培训教材编委会成立，由孙硕鹏、王汝鹏同志担任编委会主任，曹怀杰、刘选国、郑庚同志担任编委会副主任，张强、吴宏军同志担任编委会执行副主任。编委会成员包括边慧敏、蔡文男、范斌、黄元龙、茅勇、石欣、王永才、王桢、晏会、张元等（按姓氏拼音排序）。技术顾问包括高小平、何振鹏、李京、李延照、柳永法、彭碧波、秦卓然、唐彦东、王学军、王燕辉、肖兵、杨海龙、叶谦、张敏等（按姓氏拼音排序），由红十字国际学院应急管理与人道救援教研中心主任张强教授担任总协调。

《中国红十字救援队水上救援培训》是中国红十字救援队培训教材之一。2020年11月9日，本教材编写工作正式启动。浙江省红十字会承担了本教材主要组织和编写工作，并组建了编写组，由黄元龙任组长，王文伟、茅勇、陈佩任副组长；编写组成员包括黄永良、傅纪良、董海、吴丽伟、周密、刘小虎、王春香、王裕桂、魏汝领、梁春锋、徐益江、杨敏、洪峰、罗昱、茅哲瑞、陈伟锋等。

本教材依据《中国红十字救援队培训及演练大纲》相关要求，以中国红十字救援队多年积累的培训、演练和救援经验为重要参考，以静水救援、急流救援、海上救援、冰面救援为背景，共分为六章，内容涵盖红十字水上救援的起源与发展、水上救援基础知识、救援装备与器材、岸上救援技术、入水救援技术、游泳基本技术、桨板救援技术、绳索救援、城市内涝救援、滩涂救援、海浪救生板救援技术、橡皮艇救援技术、机动冲锋舟救援技术、培训班课程设计、考核内容与标准等方面，力求系统性、专业性和实用性兼备，可供各级红十字水上救援队和社会应急力量组织水上救援培训、实施救援、开展演练和竞赛时参考使用。

本教材由茅勇、陈佩负责全书的统稿。第一章绪论，由茅勇、陈佩执笔与校对；第二章水上救援安全装备，由罗昱、董海、吴丽伟执笔与校对；第三章静水救援，由茅勇、洪峰、罗昱、董海、王春香、茅哲瑞执笔与校对；第四章急流救援，由董海、吴丽伟执笔，茅勇统筹与校对；第五章海上救援，由茅勇、周密执笔与校对；第六章冰面救援，由茅勇、陈伟锋执笔与校对；附录部分，由茅勇、吴丽伟、董海、周密、陈伟锋等人整理与统筹。编写组成员参与实操演练和照片拍摄工作，为本教材提供了支持与帮助。

本书编写组搜集、查阅、整理了国内外大量相关文献资料，走访中国红十字（青岛）水上救援队、中国红十字（福建）水上救援队，积极开展教材试用并征求各方意见，主办和参与了公安、消防、红十字会和社会应急力量共同参与的水上及海上救援培训班共 20 余次，收到了大量实践数据、意见和建议，促进了教材内容的丰富和教材结构的完善。此外，编写组在杭州、湖州、舟山、丽水等地举办 6 次专题教材编写会议，研究讨论教材的系统性、合理性和实用性，对教材不断进行修改完善，获得了有关专家的肯定。在浙江省红十字水上救援队培训班试用的基础上，教材初稿于 2021 年 3 月形成；2021 年 7 月，编委会组织有关专家对教材进行了初审；2022 年 3 月，编委会组织有关专家对教材进行了匿名交叉评审。

2022 年 6 月，红十字国际学院邀请红十字运动教研中心、苏州大学出版社、浙江省红十字会、中国红十字基金会等单位的相关专家召开编审会，提出评审意见。是月，教材编委会组织了评审意见讨论会，就交叉评审和编审会中提出的关于教材的框架结构、内容的科学性和准确性、语言的风格和表述、书稿的体例与格式等意见和建议进行了研讨并落实修改责任。经过第二轮修改后，书稿提交教材评审会议进行专家评审，李立、唐彦东、张敏、周雪昂等专家对书稿进行了会前审阅。在 2023 年 3 月 21 日中国红十字救援队培训教材第二批教材终审会上，编写团队进行了终审答辩。

在编写本教材的过程中，编写团队分别向中国红十字（福建）水上救援队、中国红十字（青岛）水上救援队、浙江省红十字（舟山）水（海）上应急救援队、浙江省水上救生协会、浙江省红十字（景宁）户外应急救援队等单位征求了意见和建议。初稿完成后，黄元龙、黄永良、王文伟对书稿进行了审核修改。国家减灾中心原总工程师、北京师范大学风险治理创新研究中心原首席科学家李京教授也审读了全书稿，就教材表述、体例与格式等进行了修改。张元对书稿进行了文字校对，刘选国、王永才和张强对书稿进行了最后审核。

感谢中国红十字会总会和红十字国际学院对编写工作的重视和支持；感谢中国红十字（浙江）应急救援培训基地的大力支持；感谢中国红十字（青岛）水上救援队队长李延照、中国红十字（福建）水上救援队队长郑志军的指导；感谢黑龙江消防救援总队、吉林消防救援总队、新疆消防救援总队等单位和个人为编写工作提供的材料和帮助，感谢各位编写人员和审核人员的辛勤付出。

由于教材涉及面广，编写的时间紧、任务重，本教材的缺点和疏漏之处在所难免，欢迎教材使用者向我们提出意见和建议，以便后续修订改进。

本书编写组
2025 年 3 月